左右脑开发
40周启智胎教

奥视读乐 编著

中国轻工业出版社

前言

怀孕后，胎教是所有即将成为父母的人都想为宝宝做的事，但什么时候做、怎么做、做什么，却让他们十分困扰。

胎宝宝在腹中时虽然不能表达，却是个有情感的小生命，准妈妈在怀孕期间的所见所闻、所思所想，胎宝宝都能感受到。

朗读优美的散文，欣赏生动的名画，聆听动人的乐曲，感受美丽的大自然……这些愉悦的感受，同样会感染到胎宝宝。胎教最主要的目的，就是让准妈妈心情舒畅愉悦。给胎宝宝一个美好的生长环境，才是胎教的真正意义所在。

本书是为准爸爸和准妈妈量身打造的胎教书，根据胎宝宝的发育特点，提炼每周的胎教重点，按照孕周制定不同的胎教方案，包括音乐、名画、营养、散文、诗歌、故事、双语、古文等多种丰富的胎教内容。

孕育生命是一件神奇而伟大的事，准妈妈在轻松愉悦中感受孕育的幸福，胎宝宝也会在快乐的胎教中健康成长。

目录

第一章 孕早期 10

孕1月 12

第1周 14
颈椎操缓解疲劳 14
音乐胎教：名曲《爱之梦》 15

第2周 16
散文欣赏：荷塘月色（节选） 16
古诗词里的数字——一 17
儿歌：怀抱 17
来一场浪漫的烛光晚餐 18
美学胎教:名画《阿尔夜间的露天咖啡座》.. 19

第3周 20
胎教故事：小蝌蚪的梦想 20
古诗词里的颜色——红色 21
儿歌：铃儿响叮当 21
制作胎教手账 22
诗歌：幼学琼林（节选） 23

第4周 24
诗歌：你是人间的四月天 24
古诗词里的景——月亮 25
儿歌：小老鼠上灯台 25
胎教故事：北风和太阳 26
美学胎教：名画《荷花蝴蝶》 27

孕2月 28

第5周 30
平静的呼吸 30
美学胎教：名画《韦特伊莫奈花园》.... 31
诗歌：寻觅 32
古诗词里的数字——二 33
儿歌：一闪一闪小星星 33

第6周 34
国学胎教：一句话的智慧 34
胎教故事：龟兔赛跑 35
双语胎教：狐狸和葡萄 36
古诗词里的鸣虫——蝉 37
儿歌：小燕子 37

第 7 周 38	第 10 周 50
缓解孕吐小妙招 38	散文欣赏：白公鹅（节选）............. 50
营养胎教：蔬菜沙拉 38	美学胎教：名画《日出·印象》..... 51
音乐胎教：名曲《献给爱丽丝》..... 39	胎教故事：小熊让路 52
散文欣赏：孩童之道 40	古诗词里的动物——鸡 53
古诗词里的景——风 41	儿歌：种太阳 53
儿歌：拔萝卜 41	
	第 11 周 54
第 8 周 42	做个全身 SPA 54
诗歌：第 18 号十四行诗 42	插花陶冶情操 54
美学胎教：名画《松林的早晨》..... 43	美学胎教：名画《农民的婚礼》..... 55
	成语故事：掩耳盗铃 56
孕 3 月.......................................**44**	营养胎教：酸甜萝卜 57
第 9 周 46	儿歌：两只老虎 57
感受大自然 46	第 12 周 58
音乐胎教：名曲《春之歌》............. 47	营养胎教：柠檬香煎三文鱼 58
散文欣赏：仙人世界 48	散文欣赏：雪（节选）..................... 59
古诗词里的数字——三 49	
声律启蒙（节选）............................. 49	

第二章 孕中期 60

孕 4 月 62

第 13 周 64

- 情绪胎教 64
- 一道烧脑题：理发师悖论 64
- 美学胎教：名画《大碗岛的星期天下午》.. 65
- 纸上风景盛宴之漓江 66
- 古诗词里的数字——四 67
- 诗歌：我的歌 67

第 14 周 68

- 双语胎教：公共汽车的轮子转呀转 68
- 营养胎教：黑豆沙拉 69
- 胎教故事：树木在秋天写的信 70
- 古诗词里的动物——马 71
- 绕口令：板凳与扁担 71

第 15 周 72

- 从现在开始爱上散步 72
- 做一幅漂亮的拼贴画 72
- 音乐胎教：名曲《梁山伯与祝英台》.... 73
- 诗歌：对岸 74
- 练练大脑 75

第 16 周 76

- 胎教故事：狼来了 76
- 古诗词里的景——雨 77
- 诗歌：笑 77

孕 5 月 78

第 17 周 80

- 抚摸胎教 80
- 一道烧脑题：忒修斯之船 80
- 纸上风景盛宴之婺源 81
- 胎教故事：铁杵磨成针 82
- 古诗词里的数字——五 83
- 儿歌：爬石阶 83

第 18 周 84

- 孕期普拉提 84
- 营养胎教：蚝油香菇 85
- 胎教故事：有裂缝的罐子 86
- 古诗词里的动物——牛 87
- 儿歌：爸爸是警察 87

第 19 周 88

- 做一道推理题吧 88
- 音乐胎教：名曲《彼得与狼》.......... 89

胎教故事：我是谁的小猫 90
古诗词里的颜色——黑色 91
教胎宝宝认识数字 91

第 20 周 92
胎教故事：司马光砸缸 92
美学胎教：名画《金色的秋天》 93

孕 6 月 94

第 21 周 96
按摩缓解疲劳 96
纸上风景盛宴之蜀南竹海 97
胎教故事：小花猫照镜子 98
古诗词里的数字——六 99
诗歌：黄鹂 99

第 22 周 100
胎教故事：井底之蛙 100
双语胎教：小鸟在说些什么 101
散文欣赏：开始 102
美学胎教：名画《太白行吟图》 103

第 23 周 104
助产运动训练 104
营养胎教：茄汁虎皮鹌鹑蛋 105

胎教故事：孔融让梨 106
古诗词里的颜色——蓝色 107
儿歌：小小少年 107

第 24 周 108
成语故事——一诺千金 108
音乐胎教：名曲《D 大调卡农》 109

孕 7 月 110

第 25 周 112
百科知识：动物为什么要冬眠 112
营养胎教：双花拌胡萝卜 113
营养胎教：芭乐苹果汁 113
纸上风景盛宴之呼伦贝尔大草原 114
古诗词里的数字——七 115
儿歌：娃哈哈 115

第 26 周 116
《论语》中的人生哲理 116
有趣的对联 117
诗歌：睡乡 118
音乐胎教：名曲《糖果仙子之舞》 119

第 27 周 120
散文欣赏：春（节选）......................... 120
古诗词里的动物——羊......................... 121
儿歌：小蜜蜂... 121
古文欣赏：木兰辞................................. 122
做一道推理题吧..................................... 123

第 28 周 124
儿歌：雪绒花... 124
诗歌：烦忧... 124
美学胎教：名画《蒙特枫丹的回忆》... 125

第三章 孕晚期 126

孕 8 月 128

第 29 周 130
静心冥想操... 130
给自己一个微笑吧................................. 130
纸上风景盛宴之黄果树瀑布................. 131
胎教故事：鸭式摇步舞......................... 132
古诗词里的数字——八......................... 133
儿歌：我看奶奶扭秧歌......................... 133

第 30 周 134

"幸福"大肚照... 134
营养胎教：芦笋炒虾仁......................... 135
诗歌：当我紧紧拥抱着......................... 136
古诗词里的颜色——橙色..................... 137
儿歌：摇篮曲... 137

第 31 周 138
散文欣赏：趵突泉（节选）................. 138
音乐胎教：名曲《田园交响曲》......... 139
古文欣赏：爱莲说................................. 140
双语胎教：山洞里的小熊..................... 141

第 32 周 142
儿歌：洗澡歌... 142
儿歌：赶海的小姑娘............................. 142
美学胎教：名画《林荫道》................. 143

孕 9 月 144

第 33 周 146
分娩呼吸法... 146
纸上风景盛宴之织金洞......................... 147
诗歌欣赏：金色花................................. 148
古诗词里的数字——九......................... 149
儿歌：花仙子之歌................................. 149

| 第 34 周 | 150 |

国学胎教：古诗词里的儿童生活 150
古诗词里的颜色——青色 151
儿歌：学英文歌 151
胎教故事：勇敢的小刺猬 152
美学胎教：名画《水波轻拍》 153

| 第 35 周 | 154 |

营养胎教：鲫鱼豆腐汤 154
双语胎教：杰克的帽子 155
散文欣赏：背影（节选） 156
音乐胎教：名曲《大海》 157

| 第 36 周 | 158 |

成语故事：孟母三迁 158
美学胎教：名画《秋冬山水图·冬景》 ... 159

孕 10 月 160

| 第 37 周 | 162 |

促进分娩的运动 162
营养胎教：冬瓜丸子汤 163
纸上风景盛宴之梅里雪山 164
古诗词里的数字——十 165
诗歌：雪花的快乐（节选） 165

成语故事：鹬蚌相争 166
美学胎教：名画《拾穗者》 167
腹式呼吸法 168
营养胎教：南瓜糊 169
营养胎教：绿豆粥 169

| 第 38 周 | 170 |

古文欣赏：桃花源记 170
胎教故事：乌鸦喝水 171
年的传说 172
古诗词里的颜色——紫色 173
双语儿歌：雨 173

| 第 39 周 | 174 |

科普胎教：蜂蜜是怎样酿成的 174
音乐胎教：名曲《自新大陆》 175
诗歌：你来了 176
古诗词里的景——太阳 177
诗歌欣赏：不被注意的花饰（节选）... 177

| 第 40 周 | 178 |

胎教故事：最好的礼物 178
美学胎教：名画《向日葵》 179

第一章
孕早期

在孕早期，大多数准妈妈的身体会有较为强烈的早孕反应，如疲劳、乏力、嗜睡、恶心、食欲减退等，不必过于担心，这些都是正常的。

这段时间，胎宝宝在母体内的生长发育非常快，从第 6 周开始，胎宝宝的心脏开始跳动，到了第 12 周，就可以看出人形了。

母亲的血液在小生命的血管中缓缓流动，尽管这个小家伙还没有意识，但胎教已经可以提上日程啦！适当发出一些刺激信号，有助于胎宝宝的大脑发育哦。

孕1月

从本月起，期盼已久的宝宝就开始住进准妈妈的子宫了。在接下来的10个月，准妈妈和宝宝将以"合体"的形式度过，相信这一定是一段相当美妙的经历。

保持微笑

在孕1月，准妈妈可能还不知道自己就要当妈妈了，但宝宝的一切都将在这个月起步。所以，记得要一直保持好心情哦，这对以后胎宝宝的成长非常重要。

铁和蛋白质很重要

怀孕的第1个月，大多数准妈妈都没有明显的早孕反应，但这个时期对胚胎的着床和发育至关重要，因此在饮食方面，准妈妈应注意营养均衡，尤其要重视补充铁和蛋白质，红肉、猪肝、菠菜等都是富含铁的食物，鱼类、乳制品、豆制品、蛋类都是富含蛋白质的食物。

叶酸不能停

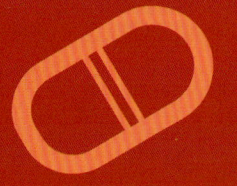

孕早期是胎宝宝神经管发育的关键时期，此时如果准妈妈叶酸摄入不足，可能会引起胎宝宝神经系统发育异常。从怀孕前3月开始补充叶酸，可以有效地预防胎宝宝神经管畸形。所以，继续补充叶酸吧！

音乐胎教

伴随整个孕期的音乐选择是很重要的，早起可以听一些活泼的钢琴曲，维瓦尔第的《四季》就很合适，《春》旋律轻松、节奏明快，非常适合清晨；夜晚入睡前，听听门德尔松的《仲夏夜之梦》吧。

做做孕妇体操

简单的体操运动有利于缓解疲劳，增强肌肉力量，同时，还可以使胎宝宝的身心得到良好的发育。体操运动的形式没有什么限制，根据准妈妈自身的身体条件，适当进行锻炼就可以了。

睡前喝一杯牛奶

胎宝宝的生长发育需要大量的钙，准妈妈从备孕时期就应该做好充足的钙质储备。牛奶中的钙更容易被人体吸收，睡前喝一杯香浓的纯牛奶，既能补充钙质，又助睡眠。

准爸爸的爱心陪伴

和谐适度的夫妻生活，能有效调节准妈妈的紧张情绪，为准妈妈带来愉悦和幸福的心境，是"情深婴美"的体现。

颈椎操缓解疲劳

右脑开发 提升专注力

"十月怀胎",是从末次月经第一天开始起算的。所以这一周,"宝宝"还是准妈妈体内的一枚卵子,并没有真正到来呢。

此时的准妈妈正处于末次月经期间,很容易感到疲劳和身体不适,不如做做颈椎操,来缓解一下身体的疲惫。

颈椎操是通过上下左右缓慢轻柔地转动颈部的方式,来对颈部进行局部锻炼。闲暇之余做做颈椎操,能够起到加速颈部血液循环、缓解疲劳的作用。

练习方法

动作1:双手向上举过头顶,掌心相对,头尽量往后仰,仰视双手。

动作2:两手交叉贴于颈部,头向后仰,手向前使力,形成对抗效果。

动作3:双手手心向下搭肩,由后往前旋转,再由前往后,各30次。

动作4:头部缓缓向左肩倾斜5秒,返回中位,再向右肩倾斜5秒,返回中位。左右各重复10次。

动作5:双手叉腰,先低头使下颌向前胸靠近,再后仰向后抬头,各重复10次。

音乐胎教：名曲《爱之梦》

右脑开发 激发音乐灵感

爱是世界上最复杂的感情，包含了爱情、亲情、友情等人类丰富的情感，在艺术、哲学、美学等领域，是个经久不衰的主题。语言描述太过贫瘠，图画太过具象，准爸爸和准妈妈可以选择用音乐感受爱：一起听着优美的钢琴曲，一起走进洋溢着爱意的梦境里，一起体会爱带给宝宝的力量。

中文名	弗朗茨·李斯特
外文名	Franz Liszt
国籍	匈牙利
出生日期	1811年10月22日
代表作品	交响曲《浮士德》《但丁》，钢琴曲《爱之梦》《十九首匈牙利狂想曲》

浪漫主义大师李斯特的钢琴曲《爱之梦》，灵感来自德国诗人弗莱里格拉特的著名诗作《爱吧，你可以爱得这样久》，是一首婉转优美，充满了爱恋、期盼和回忆的曲子。

爱吧，能爱多久，愿爱多久就爱多久吧，
你的心总得保持炽热，保持眷恋，
只要还有一颗心对你回报温暖。
只要有人对你披露真诚，你就得尽你所能，
叫他时时快乐，没有片刻忧愁。

准妈妈可以在内心畅想自己对宝宝的爱，满含着爱的柔情和愉悦，感受钢琴曲在起伏变幻中变得或热情，或婉转，或悠扬，最后随着梦一般美丽的旋律，甜甜地进入梦乡。

散文欣赏：荷塘月色（节选）

朱自清先生的写景散文如同"工笔画"，景物描绘精雕细刻，细腻传神。就让准妈妈带领着胎宝宝一起，想象一下美丽的月下荷塘吧。

右脑开发　优美的场景描写激发想象力

曲曲折折的荷塘上面，弥望的是田田的叶子。叶子出水很高，像亭亭的舞女的裙。层层的叶子中间，零星地点缀着些白花，有袅娜地开着的，有羞涩地打着朵儿的；正如一粒粒的明珠，又如碧天里的星星，又如刚出浴的美人。微风过处，送来缕缕清香，仿佛远处高楼上渺茫的歌声似的。这时候叶子与花也有一丝的颤动，像闪电般，霎时传过荷塘的那边去了。叶子本是肩并肩密密地挨着，这便宛然有了一道凝碧的波痕。叶子底下是脉脉的流水，遮住了，不能见一些颜色；而叶子却更见风致了。

月光如流水一般，静静地泻在这一片片叶子和花上。薄薄的青雾浮起在荷塘里。叶子和花仿佛在牛乳中洗过一样；又像笼着轻纱的梦。虽然是满月，天上却有一层淡淡的云，所以不能朗照；但我以为这恰是到了好处——酣眠固不可少，小睡也别有风味的。月光是隔了树照过来的，高处丛生的灌木，落下参差的斑驳的黑影，峭楞楞如鬼一般；弯弯的杨柳的稀疏的倩影，却又像是画在荷叶上。塘中的月色并不均匀；但光与影有着和谐的旋律，如梵婀玲上奏着的名曲。

古诗词里的数字——一

"一"是个单调的字,在一首诗中反复出现时,经过诗人的巧妙安排,居然化平淡为神奇了!这是准妈妈怀孕的第 1 个月,一起来看看古诗词里有哪些"一"吧!

黄昏
清·何佩玉

一花一柳一鱼矶,
一抹斜阳一鸟飞。
一山一水中一寺,
一林黄叶一僧归。

绝句
唐·杜甫

两个黄鹂鸣翠柳,
一行白鹭上青天。
窗含西岭千秋雪,
门泊东吴万里船。

早发白帝城
唐·李白

朝辞白帝彩云间,千里江陵一日还。
两岸猿声啼不住,轻舟已过万重山。

生活是种律动,须有光有影,有左有右,有晴有雨,滋味就含在这变而不猛的曲折里。
——老舍

儿歌:怀抱

宝宝睡着了,全世界就都安静了,妈妈的怀抱是宝宝最安全的港湾。

怀抱

一只蚂蚁睡着了,
躺在绿叶的怀抱;
一只蝴蝶睡着了,
躺在花朵的怀抱;
一只小鸟睡着了,
躺在小树的怀抱;
我睡着了,
躺在妈妈的怀抱。

来一场浪漫的烛光晚餐

右脑开发 提升情绪感知力

月经结束后进入第 2 周。第 2 周的后半段，排卵期就要开始了，夫妻来一场浪漫的烛光晚餐，一起憧憬一下未来的美好生活吧。

浪漫的烛光晚餐起源于西方，是二人世界的最佳节目之一。

布置方法

你可以选择牛排、比萨、意大利面，也可以选择家常菜、点心和水果，可口就好。

备孕阶段，漂亮的高脚杯可以盛放用来代替红酒的果汁。

地点可以选在客厅或阳台，能看到夜景的地方会更浪漫。

玫瑰花瓣当然是必需的，一座美丽的烛台，会让你们的心情更加舒畅。

当然别忘了音乐，萨克斯或优美的轻音乐都是不错的选择。

在优美的音乐声中，夫妻共进晚餐，餐后共舞一曲，此后，"造人计划"就可以正式开始了，说不定这个可爱的宝宝，不知不觉中已经在你的体内"安家"了。

美学胎教：名画《阿尔夜间的露天咖啡座》

凡·高画中的咖啡馆安详静谧，就像妈妈的子宫一样温馨恬适。从现在起准妈妈不能再经常喝咖啡了，暂时先让那座香气四溢的咖啡店留在记忆中吧。

右脑开发 绘画激发想象力

凡·高自1888年借住在兰卡散尔咖啡馆。该咖啡馆位于形式广场（Place du Form），由于通宵营业，被称为"夜间的咖啡馆"。凡·高时常觉得夜间比白天更充满生机蓬勃的色彩，所以几度跑到户外去画星星。

《阿尔夜间的露天咖啡座》是凡·高星光三部曲的第一部，画面描绘了一家咖啡馆的室外景色，室内温暖而明亮的黄色灯光洒在屋外鹅卵石铺成的广场上，在深蓝色的夜空中，群星闪烁，宛如朵朵灿烂的灯花。

该画用黄色和蓝色来表现一种独特的氛围。画面上半部分以冷色调的蓝色表现夜晚的天空，画面下方则以暖色调的橙黄色来表现咖啡馆的灯火明亮，画面的冷暖对比非常直接，具有非常强烈的色彩效果，充满了活力和生机。整幅画显得静谧又美丽，洋溢着一种平和的诗意。

在凡·高完成此画的100多年后，这家咖啡馆一直是阿尔当地人饮酒的地方，现在被称作"凡·高的咖啡馆"，黄色的雨篷和露天的座椅依然保留着。

中文名	文森特·威廉·凡·高
外文名	Vincent Willem van Gogh
国籍	荷兰
出生日期	1853年3月30日
主要成就	后印象主义先驱
代表作品	自画像系列、向日葵系列、《星月夜》

胎教故事：小蝌蚪的梦想

小蝌蚪的梦想是什么呢？准妈妈快和胎宝宝一起去探寻一下吧。准妈妈要充满感情、绘声绘色地讲这个小故事哦！

左右脑开发　丰富的语言描述激发想象力

一天、两天……在水中一个透明的、像葡萄粒一样光滑又柔软的小房子里，小蝌蚪在慢慢长大。（这像不像胎宝宝的成长过程呢？）

渐渐长大的小蝌蚪看着身边的世界，真想快点儿出去。

半个多月过去了，小蝌蚪终于有了足够的力气。一天，他一用劲儿，嗬，圆圆的小脑袋探出来了。

慢慢地，又是半个月过去了，奇妙的事情发生了——小蝌蚪长长的尾巴旁边长出了两条细细的小腿儿！

满心欢喜的小蝌蚪向岸上望去——哇！小蝌蚪吃惊地张大了嘴，他看见了什么样的景象啊——绿油油的草铺得无边无际，像是一床漂亮又柔软的被子。而且，这被子上还有那么多五颜六色的花朵，互相牵着手，在风中跳舞……

"唉，要是我也能在那漂亮的花瓣上待一会儿，该多好啊！"小蝌蚪出神地想着！

小蝌蚪嘟起小嘴儿去问阔尾鱼叔叔："叔叔，陆地上好漂亮啊，请你告诉我，如果我长大了，有了好多力气，是不是就能到陆地上去了？"

"呵呵，"阔尾鱼叔叔笑着回答，"能，只要有梦想，并努力去做，就一定能实现。你要耐心地等待自己长大。"

又一些奇妙的事情不知不觉地发生了——后腿长出来不久，小蝌蚪的前腿也长出来了。而那小尾巴呢，早就摸不到了。

仅仅两个月的时间，小蝌蚪就真的长大了，长成了一个结实漂亮的"帅小伙"！现在的他褪去了那一身黑衣，换上了绿色的新袍，还有一个白白的大肚皮，四肢既能游泳又能跳跃，非常有力量。

"孩子，现在你才真正地长大了，不再是一只小蝌蚪，而是一只强壮健美的青蛙了！"阔尾鱼叔叔这样告诉他。

"噢，我长大了！真的长大了！我可以到陆地上去了！"

小蝌蚪的梦想终于变成了现实。他弓起身，快活地向草丛中跃去。

古诗词里的颜色——红色

古诗词里提到颜色的诗句有很多,准妈妈快来看看,有哪些带有"红色"的诗句吧!

蝶恋花·春景

宋·苏轼

花褪残红青杏小。燕子飞时,绿水人家绕。
枝上柳绵吹又少。天涯何处无芳草。
墙里秋千墙外道。墙外行人,墙里佳人笑。
笑渐不闻声渐悄。多情却被无情恼。

山行

唐·杜牧

远上寒山石径斜,
白云生处有人家。
停车坐爱枫林晚,
霜叶红于二月花。

人并不是因为美丽才可爱,
而是因为可爱才美丽。
——(俄)托尔斯泰

儿歌:铃儿响叮当

《铃儿响叮当》是首家喻户晓的圣诞歌,节奏欢快喜庆。亲爱的准妈妈,可爱的宝宝此刻已经冲破艰难险阻,来到你的肚子里啦!

冲破大风雪,我们坐在雪橇上,
奔驰过田野,我们欢笑又歌唱,
马儿铃声响,令人精神多欢畅,
今晚滑雪真快乐,把滑雪歌儿唱。
叮叮当,叮叮当,铃儿响叮当,
我们滑雪多快乐,我们坐在雪橇上。
叮叮当,叮叮当,铃儿响叮当,
我们滑雪多快乐,我们坐在雪橇上。

Dashing through the snow
in a one-horse open sleigh,
Over the fields we go,
laughing all the way;
Bells on bob-TAil ring,
Making spirits bright,
What fun it is to ride and sing
a sleighing song tonight.

Jingle bells, jingle bells,
Jingle all the way!
Oh, What fun it is to ride
in a one-horse open sleigh.

第3周 制作胎教手账

胎教不是一天两天的事儿,也不是想起来就做、想不起来就搁置的事情,阶段性的规划很重要。第3周,准妈妈可能已经成功受孕了。那么,制作一本独一无二的胎教手账吧!

右脑开发 激发创意潜能

手工材料

一个漂亮的手账本、彩色铅笔、荧光笔、胶带、贴纸。

制作步骤

把手账本的每一页标记上孕周。

贴上你喜欢的贴纸,把手账本布置得内容丰富、漂亮一些。

画上可爱的小插画,不会画也没关系,准妈妈的爱就是给胎宝宝最好的胎教。

每周记录一下本周的胎教情况,仪式感真的很重要!

诗歌：幼学琼林（节选）

《幼学琼林》是明末程登吉所作的儿童启蒙读物，用对偶句写成，容易诵读，便于记忆。全书内容广博、包罗万象，被称为中国古代的百科全书，准妈妈可以和胎宝宝一起学习呢。

左脑开发 丰富的语言刺激

桃李不言，下自成蹊；道旁苦李，为人所弃。
管中窥豹，所见不多；坐井观天，知识不广。
肝胆相照，斯为腹心之友；意气不孚，谓之口头之交。
以铜为鉴，可整衣冠；以古为鉴，可知兴替。
可憎者，人情冷暖；可厌者，世态炎凉。
当知器满则倾，须知物极必反。
智欲圆而行欲方，胆欲大而心欲小。

释义

桃子跟李子虽然不会说话，但是人们喜欢它们的果实跟花，所以来往不绝于树下，慢慢就形成了一条小路。如果是苦的李子，就算是它生长在路边，也会被人们所厌恶抛弃。

如果通过竹管来看豹子，就只能看到一个斑纹，而不能看到全身。如果坐在井中去看外面的天空，就只能看到井口大小的天空，这样自然很难增长知识。

如果坦诚相见，自然可以畅所欲言，这才是值得推心置腹的好朋友。如果意气相悖，这样只是口头上的交情。

用铜做的镜子可以用来整理自己的衣冠。如果以历史作为镜子的话，就能够知道以前王朝兴衰得失的道理了。

最可厌恶、最可憎恨的人情世态是，在别人得势时就热情，在别人失势时就冷漠。

器物装得太满就会倾倒，事物如果发展到极点的时候，就必然会走向反面。

智慧要圆通品行要端正，胆量要大而心却要细。

诗歌：你是人间的四月天

在本周，心细的准妈妈已经发现自己怀孕啦！快来读一读林徽因的诗作，看看作者对孩子的爱，相信准妈妈一定能体会到。因为此时此刻，准妈妈也是一样的心情。"因为有了你，我最亲爱的宝贝，爸爸妈妈的世界从此五彩斑斓。"

左脑开发　丰富的语言刺激

你是人间的四月天

——一句爱的赞颂

我说你是人间的四月天；
笑音点亮了四面风；
轻灵在春的光艳中交舞着变。
你是四月早天里的云烟，
黄昏吹着风的软，
星子在无意中闪，
细雨点洒在花前。
那轻，那娉婷，你是，
鲜妍百花的冠冕你戴着，
你是天真，庄严，
你是夜夜的月圆。
雪化后那片鹅黄，你像；
新鲜初放芽的绿，你是；
柔嫩喜悦，
水光浮动着你梦期待中白莲。
你是一树一树的花开，
是燕在梁间呢喃，
——你是爱，是暖，是希望，
你是人间的四月天！

古诗词里的景——月亮

月亮,古时又称太阴、婵娟、玉盘,是古诗中最为常见的意象之一。诗人们对月亮有着一种独特的情感,形成了中国人一种独有的"月亮情结"。来读一读那些提到了月亮的诗吧!

水调歌头

宋·苏轼

明月几时有?把酒问青天。
不知天上宫阙,今夕是何年。
我欲乘风归去,又恐琼楼玉宇,高处不胜寒。
起舞弄清影,何似在人间。
转朱阁,低绮户,照无眠。
不应有恨,何事长向别时圆?
人有悲欢离合,月有阴晴圆缺,此事古难全。
但愿人长久,千里共婵娟。

山居秋暝

唐·王维

空山新雨后,天气晚来秋。
明月松间照,清泉石上流。
竹喧归浣女,莲动下渔舟。
随意春芳歇,王孙自可留。

哥白尼说:"人的天职在于勇于探索真理。"所以亲爱的宝宝,用你的热情去探索吧!

儿歌:小老鼠上灯台

这首小童谣,有没有让准妈妈想起小时候的快乐时光呢?带着这份快乐的心情,把它念给胎宝宝听吧!

小老鼠,上灯台。
偷油吃,下不来。
喵喵喵,猫来了。
叽里咕噜滚下来。

胎教故事：北风和太阳

左脑开发 丰富的语言刺激

北风寒冷刺骨，太阳明亮炽热，冷酷无情的北风遇到温暖明媚的太阳，谁更厉害呢？真不好判断呀！准妈妈和胎宝宝一起来读下面这个故事，看看北风和太阳，到底谁更胜一筹吧！

"在这个世界上，我的能力最强。要是没有我，植物不能生长，动物也无法生存。"太阳公公吹嘘道。

北风爷爷却不屑地哼了一声："要是你看到我席卷一切的样子，一定会吓得藏到云层里！"

双方没完没了地争论起来，为了分出胜负，北风爷爷和太阳公公决定打个赌。

正巧一个路人走过他们面前，他们商量道："我们就赌谁能先脱下那个人的外套，先做到的就算是赢。"

北风爷爷先挑战。

巨大的北风爷爷开始聚集，呼啸着狂卷而来。可是，风刮得越大，行人就越是把衣领裹得紧紧的。结果，北风爷爷偃旗息鼓，露出了尴尬的表情。

"该轮到我了！"太阳公公微笑着从云层里探出头。

天气突然热了起来。行人热得不停地擦汗，太阳公公继续释放着热量。树叶晒晕了，花儿晒蔫了，行人终于忍不住脱下外套，将它搭在手上，继续赶路。

这时，太阳公公嘲笑着说："看见了吧？"

北风爷爷不服气，说："我们再赌一次。如果这次输的还是我，我就承认这个世界上你的能力最强。"

就这样，太阳公公和北风爷爷进行了第二场比赛——看谁能摘下农夫的草帽。

这一次，太阳公公先发起了挑战。太阳用尽力气，释放出强大的热量，农夫热得满头大汗，心想："这样热的天气真是罕见！幸亏戴了草帽，否则一定会把脸晒伤！"农夫不仅没有摘下草帽，反而为戴了草帽而暗自庆幸。太阳公公只好摇摇头，退了下去。

接下来，北风爷爷上场了。他为农夫送去了清凉的微风。"啊，真凉快啊！"农夫用毛巾擦了擦脸上的汗，然后摘下草帽，尽情地享受着凉爽的微风。

结果，这一回，北风爷爷获得了胜利。

"呵呵，"风笑了，"我也不赖吧？"

二人哈哈大笑，都再也不自吹自擂了。

美学胎教：名画《荷花蝴蝶》

右脑开发　激发想象力

这幅《荷花蝴蝶》选自意大利画家郎世宁的《花卉图》。此时的胎宝宝就像生机勃勃的荷花，已经在准妈妈腹中"生根发芽"，准妈妈和胎宝宝一起静心享受这段美好的时光吧！

中文名	郎世宁
外文名	Giuseppe Castiglione
国籍	意大利
出生日期	1688年7月19日
主要成就	设计圆明园西洋楼，开创中国铜版画，开创中西合璧的新体画
代表作品	《十骏犬图》《百骏图》《花鸟图》《乾隆大阅图》

郎世宁以中西合璧的绘画技法，描绘出独树一帜的花鸟画作品。画中仍带有西方绘画中的明暗变化，造型写实生动。此幅作品中的荷花、蝴蝶色彩艳丽，描绘极其细致逼真，富有很强的立体感和层次感。

准妈妈可以想象，夏日的午后，娇艳欲滴的荷花在翠绿的荷叶上随着微风摇曳，美丽的蝴蝶扑扇着五彩斑斓的大翅膀，轻轻地落在了荷花瓣上。

作家林清玄在《用岁月在莲上写诗》中写道："荷花的感觉是天真纯情，好像一个洁净无瑕的少女，莲花则是宝相庄严，仿佛是即将生产的少妇。"荷花像是诗人和艺术家，而莲花是种生活的依靠。

此时的准妈妈，既有荷花的"娇俏可爱"，又有莲花的"成熟风韵"，怪不得歌里总是唱着"最美的女人是妈妈"。

孕2月

从第2个月（5~8周）开始，他已经悄悄地发育成"胎儿"了，从此，在准妈妈的肚子里"安营扎寨，我们也可以名正言顺地叫他胎宝宝啦！这时候是胎宝宝脑部和内脏的形成时期，不要随意服药。孕2月的胎宝宝会长到葡萄大小，手脚看上去就像两个可爱的小短桨。

★ 聪明大脑"喂"出来 ★

胎宝宝身体发育，包括大脑的发育所需的营养都来自于准妈妈，准妈妈通过从食物中提取各种营养物质，通过血液和脐带传送给正在发育的胎宝宝。

★ DHA 促进大脑发育 ★

鱼肉能够促进宝宝大脑发育。这是因为，鱼肉中含有丰富的DHA，也更容易被胎宝宝吸收。相信这一点很多宝妈都知道并且十分重视，包括宝宝出生后需要吃鱼肝油也是这个道理。

★ 保持愉悦的心情 ★

只有保持愉快、平和、稳定的心态，才能为胎宝宝大脑的全面发育奠定有利基础，才能促进胎儿智力的发展。因此，始终保持平和、宁静、愉快和充满爱的心理状态，是整个孕期胎教计划的主要内容。

联想胎教

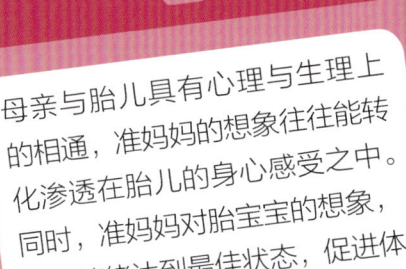

母亲与胎儿具有心理与生理上的相通，准妈妈的想象往往能转化渗透在胎儿的身心感受之中。同时，准妈妈对胎宝宝的想象，会使情绪达到最佳状态，促进体内具有美容作用的激素增多。

爱的记忆

从怀孕到分娩的每一个细微的变化，各个时期不同的心情和身体变化、感受、胎教方法、宝宝的反应等，一点一滴地写下来，让它成为你孕育生命的最好记录。

有益身心健康的散步

准妈妈选择在绿树成荫、花草茂盛的地方进行散步，有利于呼吸新鲜空气，可以提高准妈妈的神经系统和心、肺功能，促进全身血液循环，增强新陈代谢和肌肉活动。

准爸爸爱的陪伴

成为一个"好爸爸"，从合格的准爸爸开始学起。从妻子怀孕起，就陪在她身边，共同见证胎宝宝的成长。

平静的呼吸

右脑开发 提升专注力

怀孕初期，大多数准妈妈情绪会比平日更容易产生波动。孕酮和雌激素会在孕期发生变化，它们被认为是导致准妈妈孕期情绪多变的部分原因。

用呼吸平复心情

应对不良情绪的方法很多，其中宁静的呼吸练习是最好的减压和稳定情绪的手段，每天做几组宁静的呼吸，只要花几分钟时间，就能够帮助准妈妈缓解情绪，恢复平静心情。

练习方法

吸气时，用鼻子慢慢地吸气，让吸入的气体储存于腹中，然后慢慢地用嘴巴或者鼻子将吸入的气体呼出来，尽可能缓慢与平静。一般呼气的时间要是吸气时间的两倍。这种呼吸法适合准妈妈每天早上起床后、中午休息前、晚上临睡前进行。每次反复呼吸 1~3 分钟，尽可能把注意力集中在吸气和呼气上，不要去想其他的事情，一旦适应了这个节奏，呼吸就会越来越平稳。

进行这种呼吸法练习并不需要特定的场所，但建议选择一个相对安静的环境，以免嘈杂的声音分散准妈妈的注意力，使得呼吸法没有办法起到有效作用。进行这种呼吸法时，准妈妈要尽量使得腰背得到舒展，全身放轻松，微闭双眼，双手可以放在身体两侧或者放在腹部，并在心里给自己一个微笑。

美学胎教：名画《韦特伊莫奈花园》

现在准妈妈的子宫就是胎宝宝的温暖花园，今后你们的家就是宝宝的美丽花园，一起憧憬一下那美好的生活吧。

右脑开发 激发绘画想象力

中文名	克劳德·莫奈
外文名	Claude Monet
国籍	法国
出生日期	1840年11月14日
主要成就	印象派代表人物和创始人之一
代表作品	《日出·印象》《睡莲》《干草堆》

巴黎附近有一个叫吉维尼的小镇，100年前的印象派绘画大师莫奈曾在这里生活了40多年，这里不仅有他的故居，还有一个宛若人间天堂的花园。花园是莫奈用几十年心血创造的"自然画作"，而这位美学大师又从这片"自然画作"中源源不断地汲取灵感，尽情地在画布上挥洒出一幅幅传世名画。

准妈妈可以想象拨开繁茂的枝叶，穿过芬芳的鲜花，走过精致的小桥，靠近这处岁月静好的美丽花园。

整个花园几乎倾注了莫奈半生的心血，细细欣赏他的画作，你自然会明白为何莫奈画中那么喜爱用温暖的色彩了。莫奈将主要的画面都让给花园，并且没有束缚花园中植物的生长。透过随着风中摇摆的向日葵，人们似乎觉得在画框的外面还有一片向日葵的花海。

诗歌：寻觅

准妈妈一直在等待那个可爱的胖娃娃的到来，那个胖娃娃也一直在寻觅自己的妈妈。现在，来读读印度著名诗人拉宾德拉纳特·泰戈尔的诗《寻觅》，一同期待属于准妈妈与胎宝宝的见面时间吧。

左脑开发　丰富的语言刺激

我在你眼睫的绿荫里，
寻觅心语的花蕾。
误入扑朔迷离的幻境，
方向迷失，不知在何时。
我的视线询问忧郁的秋波，
为何觅不到羞涩的秘密？
问罢沉入浑浊的泪潭，
像稚童跌进一团狐疑。
我一腔痴情可曾在，
你的芳心投下柔影？
门上画的一朵红莲，
对你诉说了我的心声？
踟躇（zhízhú）在你的花园曲径，
风中荡漾着我的哀伤。
难道你看不见我的情笛，
在天幕草书的一段衷肠？

古诗词里的数字——二

怀孕的第 2 个月，准妈妈快来看看，哪些诗句里面出现了数字"二"呢？现在教给胎宝宝，让他也感受一下。

风
唐·李峤

解落三秋叶，能开二月花。
过江千尺浪，入竹万竿斜。

咏柳
唐·贺知章

碧玉妆成一树高，万条垂下绿丝绦。
不知细叶谁裁出，二月春风似剪刀。

赤壁
唐·杜牧

折戟沉沙铁未销，自将磨洗认前朝。
东风不与周郎便，铜雀春深锁二乔。

我思考问题时，不是用语言进行思考，而是用活动的跳跃的形象进行思考，当这种思考完成以后，我要花很大力气把它们转换成语言。
——（美）爱因斯坦

儿歌：一闪一闪小星星

夜幕降临的时候，闪烁的星星像天空中镶嵌的宝石，闪闪发光。亲爱的宝宝，你就是我们心中的超级巨星！

Twinkle, twinkle, little star,
How I wonder what you are.
Up above the world so high,
Like a diamond in the sky.
Twinkle, twinkle, little star,
How I wonder what you are.

一闪一闪小星星，
我想知道你的名。
挂在天上亮晶晶，
像颗钻石在天空。
一闪一闪小星星，
我想知道你的名。

国学胎教：一句话的智慧

给胎宝宝讲道理，有时候一句话就够了。不信你看看下面这些"一句话箴言"，是不是每一句都蕴含着一个深刻的道理呢？

左脑开发：开发语言、逻辑能力

箴言：投我以桃，报之以李。
含义：你送给我桃子，我还给你李子。
道理：做人要懂得知恩图报、礼尚往来。

箴言：满招损，谦受益。
含义：自满会招致损害，谦卑会让自己受益。
道理：骄傲使人落后，你要做一个不骄不躁、谦卑学习的好宝宝。

箴言：居安思危，思则有备，有备无患。
含义：在安全的时候也要考虑危险来临的时候该怎么办。
道理：凡事要防患于未然，多想一步就会使前面的道路豁然开朗，绝对不能走一步算一步。

箴言：人非圣贤，孰能无过？过而改之，善莫大焉。
含义：谁都有犯错的时候，重要的是要知错能改。
道理：我们不怕犯错，但是发现错误一定要及时改正，不能再犯同样的错误。

箴言：千里之行，始于足下。
含义：想走千里，就必须先迈开脚下的第一步。
道理：做事情要有恒心和毅力，要持之以恒，不能半途而废。

箴言：己所不欲，勿施于人。
含义：自己不喜欢的事情，也不要强迫别人去做。
道理：做人要有"共情"能力，懂得站在别人的立场思考问题。

箴言：天生我材必有用，千金散尽还复来。
含义：上天塑造我定有我的用处，千两黄金就算一挥而尽，早晚还会再得到。
道理：每个人都有自己的价值，不要否定自己，凡事要向前看才能进步。

胎教故事：龟兔赛跑

这是一则耐人寻味的寓言故事。天纵奇才却骄傲自大的兔子，和天赋平平却坚持不懈的乌龟，它们之间的比赛，谁会最终赢得胜利？准妈妈快来满足一下胎宝宝的好奇心吧！

左脑开发 丰富的语言刺激

森林里一年一度的运动会就要开始了，小兔子和小乌龟都报名参加了赛跑。小兔子开心极了，大家都知道，小乌龟跑得可慢了，怎么可能赢得了自己呢！

"砰！"山羊大叔一声枪响，没一会儿的工夫，小兔子就跑出去老远。

小兔子回头一看，乌龟才爬了一小段路。它心想："我呀，在树下睡上一大觉，等乌龟爬到这儿，不，哪怕它爬到我的前面去，我三蹦两跳也可以追上它了。"于是，兔子往树上一靠，合上眼皮，进入了甜甜的梦乡。

再说乌龟，爬得也真是慢悠悠，可是它一个劲儿地爬呀、爬呀，等它爬到小兔子身边时，已经累坏了，而小兔子还在呼呼大睡。

乌龟好心地叫醒小兔子："喂，兔子！我们还在比赛呢，你怎么睡着了？"

小兔子却说："别吵我，我睡得正香呢！"

小乌龟也好累啊！它也想休息一会儿，可是它知道小兔子跑得比自己快，只有坚持爬下去才有可能赢。于是，它不停地爬呀爬，离终点越来越近，终于冲过红线，到达了终点。

晚上到了，星星和月亮出来了，小兔子伸了个懒腰，睡得可真舒服！"哎呀，糟糕！我和小乌龟还在比赛跑步呢，我怎么睡了这么久呀！"

小兔子加足马力使劲儿跑，用了没多久就跑到了终点，但动物们都已经回家了，运动会早就结束了。

小兔子蹲在终点哭了起来，哭得好伤心呀！

山羊大叔收拾完赛场看到小兔子，安慰它说："赛跑比赛的冠军是小乌龟，你知道你为什么会输给它吗？那是因为你太骄傲自大了！"

小兔子低下了头说："我以后再也不骄傲了，下次我一定要赢小乌龟！"

双语胎教：狐狸和葡萄

《狐狸和葡萄》是《伊索寓言》中一个很著名的故事，虽然简短却寓意丰富。准妈妈小的时候一定也听过这个小故事，现在，讲给胎宝宝听吧！

左脑开发 双语启蒙

狐狸和葡萄

一个炎热的夏日，狐狸走过一个果园，它停在一大串熟透而多汁的葡萄前。

狐狸想："我正口渴呢。"于是它后退了几步，向前一冲，跳起来，却无法够到葡萄。

狐狸后退又试。一次，两次，三次，但是都没有得到葡萄。

狐狸试了一次又一次，都没有成功。最后，它决定放弃。

它昂起头，边走边说："葡萄还没有成熟，我敢肯定它是酸的。"

The Fox And The Grapes

One hot summer day, a fox was walking through an orchard. He stopped before a bunch of grapes. That were ripe and juicy.

"I'm just feeling thirsty." he thought. So he stepped back a few paces, got a running start, jumped up, but could not reach the grapes.

He walked back. One, two, three, he jumped up again, but still, he missed the grapes.

The fox tried again and again, but never succeeded. At last he decided to give it up.

He walked away with his nose in the air, and said,"I am sure they are sour."

古诗词里的鸣虫——蝉

蝉是古诗词中常用的意象。古人认为蝉居住枝头,餐风饮露,不食人间烟火,所喻之人品,是高洁的象征。像蝉一样高洁吧,我亲爱的宝宝。

辋川闲居赠裴秀才迪
唐·王维

寒山转苍翠,秋水日潺湲。
倚杖柴门外,临风听暮蝉。
渡头馀落日,墟里上孤烟。
复值接舆醉,狂歌五柳前。

蝉
唐·虞世南

垂绥饮清露,流响出疏桐。
居高声自远,非是藉秋风。

西江月·夜行黄沙道中
宋·辛弃疾

明月别枝惊鹊,清风半夜鸣蝉。
稻花香里说丰年,听取蛙声一片。
七八个星天外,两三点雨山前。
旧时茅店社林边,路转溪桥忽见。

> 人们常觉得准备的阶段是在浪费时间,只有当真正机会来临,而自己没有能力把握的时候,才能觉悟自己平时没有准备才是浪费了时间。
> ——(法)罗曼·罗兰

儿歌:小燕子

可爱的小燕子,每年春天都会来到北方。聪明的胎宝宝,你知不知道,为什么小燕子春天会不远万里飞到北方呢?

小燕子,穿花衣,
年年春天来这里,
我问燕子你为啥来?
燕子说:"这里的春天最美丽!"
小燕子,告诉你,
今年这里更美丽,
我们盖起了大工厂,
装上了新机器,
欢迎你,长期住在这里。

缓解孕吐小妙招

右脑开发 激发情绪控制能力

孕早期，准妈妈体内绒毛膜促性腺激素（hcg）增多，胃酸分泌减少、胃排空时间延长，多数准妈妈都会有头晕、乏力、食欲不振、晨间呕吐等一系列反应。我们为被孕吐困扰的准妈妈找出了3条缓解孕吐的小妙招，无数准妈妈亲测有效哦！

孕吐是机体自我保护的一种本能反应，不会对胎宝宝产生不利影响。准妈妈需要转移自己的注意力，如阅读美文、郊外散心等，都是分散注意力的好办法。

少食多餐，食物以清淡为主。太过油腻的食物也会加重孕吐。准妈妈餐后可以多吃些黄瓜，清新爽口，还不会导致血糖升高。

吃些喜欢的食物，酸酸的味道可以缓解孕吐。在孕早期，很多准妈妈都喜欢吃酸味的食物，梅子、杏子都是不错的选择。

营养胎教：蔬菜沙拉

右脑开发 丰富的色彩启蒙

早孕反应真的让准妈妈非常难受，此时准妈妈要注意多休息，而且科学、合理的饮食也有助于缓解孕吐。准妈妈的饮食以营养多元、容易消化为原则，口味上可以尽量选择自己想吃的东西，少食多餐。今天给准妈妈准备的孕期食谱是蔬菜沙拉，酸甜可口又清爽，非常适合胃口不好的准妈妈食用。

食材

鸡蛋1个，胡萝卜、土豆、小黄瓜、火腿、胡椒粉、醋、糖、盐、沙拉酱各适量。

制作步骤

将胡萝卜、黄瓜切丁，用少许盐、醋腌制10分钟。

鸡蛋煮熟，蛋白切丁、蛋黄压碎；火腿切丁。

土豆煮20分钟后捞出，去皮，压成土豆泥。

将土豆泥拌入切好的蔬菜丁、火腿丁和蛋白丁，加入其余调料拌匀，撒上蛋黄碎就可以吃啦。

音乐胎教：名曲《献给爱丽丝》

右脑开发 激发音乐灵感

这是一首简单的钢琴独奏小品，旋律非常优美动听，节奏轻快而舒坦。准妈妈和胎宝宝一起聆听这首欢快的乐曲，感受贝多芬和爱丽丝之间的亲切交谈吧！

中文名	路德维希·凡·贝多芬
外文名	Ludwig van Beethoven
国籍	德国
出生日期	1770年12月16日
主要成就	将声乐融入交响曲，扩大交响曲规模
代表作品	《英雄》《命运》《田园》《欢乐颂》《悲怆奏鸣曲》《月光奏鸣曲》

这首欢快的曲子背后，是一段未来得及说出口的感情。

年近40岁的贝多芬教了一个名叫特蕾泽·玛尔法蒂的女学生，并对她产生了好感，有一次在心情非常愉快舒畅的情况下写了一首《a小调巴加泰勒》的曲子赠给她，并在乐谱上题写了"献给特雷莎，1810年4月27日，为了纪念"的字样。

德国音乐家诺尔为贝多芬写传记，在整理特雷莎·玛尔法蒂的遗物时才发现了这首乐曲的手稿。1867年，诺尔在德国西南部的城市斯图加特出版这首曲子的乐谱时，把原名《献给特蕾莎》错写成《献给爱丽丝》。

人们喜欢把《献给爱丽丝》称为"微不足道的音乐"，但这种微不足道凝聚了贝多芬强烈的体现个人风格的创作理念，体现了他独具一格的创作思维。乐曲还有其他种种独具匠心之处，无一不显示了贝多芬创作中一贯的严谨精神。

散文欣赏：孩童之道

《孩童之道》是泰戈尔创作的一首散文诗，蕴含着丰富的情感。有人认为它表达了对母亲的崇高礼赞，有人认为它抒发了孩童对母亲的深挚爱恋，也有人认为它表现了对人世间真善美的热烈追求。那么，亲爱的准妈妈，你是怎样理解泰戈尔的《孩童之道》的呢？

左脑开发 丰富的语言刺激

只要孩子愿意，他此刻便可飞上天去。

他所以不离开我们，并不是没有缘故。

他爱把他的头倚在妈妈的胸间，他即使是一刻不见她，也是不行的。

孩子知道各种各样的聪明话，虽然世间的人很少懂得这些话的意义。

他所以永不想说，并不是没有缘故。

他所要做的一件事，就是要学习从妈妈的嘴唇里说出来的话。那就是他所以看来这样天真的缘故。

孩子有成堆的黄金与珠子，但他来到这个世界上，却像一个乞丐。

他所以这样假装了来，并不是没有缘故。

这个可爱的小小的裸着身体的乞丐，所以假装着完全无助的样子，便是想要祈求妈妈的爱的财富。

孩子在纤小的新月的世界里，是一切束缚都没有的。

他所以放弃了他的自由，并不是没有缘故。

他知道有无穷的快乐藏在妈妈的心的小小一隅里，被妈妈亲爱的手臂所拥抱，其甜美远胜过自由。

孩子永不知道如何哭泣。他所住的是完全的乐土。

他所以要流泪，并不是没有缘故。

虽然他用了可爱的脸儿上的微笑，引逗得他妈妈的热切的心向着他，然而他的因为细故而发的小小的哭声，却编成了怜与爱的双重约束的带子。

古诗词里的景——风

诗人写诗,常常是"言不尽意,立象尽之",这所立之"象",常取自于大自然。"风"就是诗人钟情的"象"。不同的风有着不同的意蕴,亲爱的准妈妈,快快告诉胎宝宝,你那里今天刮的是什么风?

元日

宋·王安石

爆竹声中一岁除,
春风送暖入屠苏。
千门万户曈曈日,
总把新桃换旧符。

春日

宋·朱熹

胜日寻芳泗水滨,
无边光景一时新。
等闲识得东风面,
万紫千红总是春。

西洲曲(节选)

南朝·佚名

海水梦悠悠,君愁我亦愁。
南风知我意,吹梦到西洲。

一个人的价值,应该看他贡献什么,而不应当看他取得什么。
——(美)爱因斯坦

儿歌:拔萝卜

这是一首伴随无数人童年的儿歌,在大家齐心协力的努力下,终于拔出了大萝卜。准妈妈把这首儿歌唱给胎宝宝听,让胎宝宝一起感受团结的力量吧!

拔萝卜,拔萝卜,嘿哟嘿哟,拔萝卜。
嘿哟嘿哟,拔不动。
老太婆,快快来,快来帮我们拔萝卜。
拔萝卜,拔萝卜,嘿哟嘿哟,拔萝卜。
小姑娘,快快来,快来帮我们拔萝卜。

拔萝卜,拔萝卜,嘿哟嘿哟,拔萝卜。
小黄狗,快快来,快来帮我们拔萝卜。
拔萝卜,拔萝卜,嘿哟嘿哟,拔萝卜。
小花猫,快快来,快来帮我们拔萝卜。

诗歌：第 18 号十四行诗

左脑开发 丰富的语言刺激

你比夏天还可爱，你比夏天还耀眼，你是谁？你是妈妈的"小怪兽"呀！现在，来和妈妈一起读一读莎士比亚的《十四行诗》，感受一下莎翁对情人的爱意，原来，爸爸对妈妈也是这样的。

我怎么能够把你来比作夏天呢？
你比它可爱也比它温婉：
狂风把五月的花蕾摇撼，
夏天的足迹匆匆而去：
天上的眼睛有时照得太炽烈，
它那炳耀的金颜又常遭掩蔽：
被机缘或无常的天道所摧折，
没有芳艳不凋残或不销毁。
但是你的长夏永远不会凋谢，
你的美艳亦不会遭到损失，
死神也力所不及，
当你在不朽的诗里与时同长。
只要一天有人类，或人有眼睛，
这诗将长存，并赐予你生命。

美学胎教：名画《松林的早晨》

右脑开发 绘画激发想象力

部分准妈妈可能已经开始有妊娠反应了，来希施金的松林里，和胎宝宝一起呼吸一下清晨的新鲜空气吧！森林的神秘和幽深引人入胜，希施金的画让人心旷神怡，如身临其境。

中文名	伊凡·伊凡诺维奇·希施金
外文名	Ivan I. Shishkin
国籍	俄国
出生日期	1832年
主要成就	俄国巡回展览画派代表风景画家，现实主义风景画的奠基人
代表作品	《莫斯科近郊的中午》《松林的早晨》

清晨的松林，朝雾弥漫，金色的阳光透过重重雾气射向林间，清新湿润的空气浸润着密林，在这大自然的怀抱中，你仿佛可以尽情地呼吸甘美新鲜的空气，嗅到青苔的芳香，顿时感到清新凉爽，心旷神怡。巍然挺拔的松树枝叶繁茂，生机勃勃，表现了大自然无限的生机。你几乎要兴奋地叫出声来，聆听自己那激荡于林间的回声。

在这安谧寂静的环境中，动物世界也充满人性和人情意味。几只活泼可爱的小熊在母熊的带领下，来到林中嬉戏玩耍，它们攀缘在一根折断的腐朽的老树上，相互引逗，似乎在练习独立生活的本领，母熊则慈爱地看着小熊。这个情景展示了宇宙万物生生不息的规律。画家完全沉浸在这大自然的诗情之中，这一生动的细节描绘，使整个画面产生了动静结合的艺术效果，同时，也增强了观者身临其境的真实感。

孕3月

怀孕的第3个月（9~12周），胎宝宝在妈妈肚子里逐渐稳定下来，从刚开始的一棵小豆芽，逐渐显出小小的人形了。这时候，胎宝宝的手脚慢慢变得清晰，身体器官和大脑也在努力地迅速发育。

★ 必不可少的"镁" ★

镁有助于胎宝宝的骨骼发育，对准妈妈的子宫肌肉恢复也很有好处。色拉油、绿叶蔬菜、坚果、南瓜、大豆、甜瓜、葵花籽和全麦食品，都是富含镁的食物。

★ 动物肝脏补充维生素A ★

维生素A对胎宝宝的发育有着至关重要的作用，它能保证胎宝宝皮肤、胃肠道和肺部的健康。动物肝脏是维生素A的主要来源，除此之外，鱼肝油、蛋类、奶制品，也都富含维生素A。

★ 晒太阳益处多多 ★

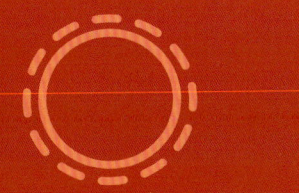

适当做一些户外运动吧！天气晴朗的时候，到公园里散散步，呼吸一下新鲜空气，这些氧气会通过脐带传送给胎宝宝，对胎宝宝的发育大有好处。晒太阳还可以在一定程度上补充钙元素，提高准妈妈的身体素质。

记得保持好心情

准妈妈的情绪对胎宝宝的大脑发育十分重要,准妈妈一定要保持放松、愉快的心情,才能让胎宝宝的大脑发育更加稳定。

胎宝宝爱听准爸爸的声音

对于胎宝宝来说,爸爸妈妈的陪伴永远无可替代。研究表明,胎宝宝在子宫内最适宜听中、低频的声音,而男性的说话声音正是以中、低频为主。准爸爸坚持每天对胎宝宝讲话,有益于胎宝宝智力发育及情绪稳定。

柔和优美的音乐

胎宝宝的听力已经开始发育了,因此,在以后的日子里,听些优雅的轻音乐,如优美的小提琴曲等,都能够很好地刺激胎宝宝的听觉神经,还能提前培养胎宝宝的艺术细胞哦!

爱的抚摸

准妈妈可以对胎宝宝的感官进行适当的良性刺激,比如轻柔地抚摸腹部,这样可以促进胎宝宝神经系统和感觉器官的发育。

感受大自然

> 右脑开发 — 想象力培养

随着科技的不断发展,胎教的重要性得到了越来越多的认可。在繁多的胎教形式中,最原始、最美好的,莫过于自然胎教。

感受自然之美

胎宝宝的发育和准妈妈密切相关,为了促进胎宝宝的感官发育,准妈妈应多接触满足五官需求的良性刺激。准妈妈与胎宝宝一起欣赏美丽的自然风光,对胎宝宝的感官发育有很好的促进作用。

准爸爸陪着准妈妈一起,带着胎宝宝走进大森林,聆听清脆的鸟鸣声、潺潺的流水声;到海边看涨潮,欣赏海浪拍在沙滩上的壮美;抬头看看美丽的星空,看看茂密的大树,看看娇艳的花朵,感受四季的更迭、月亮的阴晴和圆缺。

适量的有氧运动

散步是很好的有氧运动,不仅可以增加准妈妈的肺活量和体内的供氧量,还能为胎宝宝提供更多优质的氧气,更重要的是,散步还会令分娩更加顺利。

音乐胎教：名曲《春之歌》

右脑开发 激发音乐节奏感

胎宝宝在妈妈的肚子里茁壮成长，饱含着蓬勃的生命力，给人带来无限的希望，美好和喜悦都蕴藏在其中。

中文名	费利克斯·门德尔松
外文名	Felix Mendelssohn
国籍	德国
出生日期	1809年2月3日
主要成就	浪漫乐派最具代表性的人物之一，推动了音乐启蒙运动
代表作品	《仲夏夜之梦》序曲、《e小调小提琴协奏曲》

门德尔松是莫扎特之后最优秀的曲式大师，他将古典主义的传统与浪漫主义的志趣完美地结合在一起，赋予作品以诗意的典雅。他善于将美妙的旋律纳入正规的古典曲式，不仅是一位热情歌颂自然的诗人，还是一位善用虚无缥缈画笔的风景画家，他的音乐被称为"描绘性浪漫主义"。

《春之歌》是门德尔松钢琴独奏曲集《无词歌集》中的一曲，是"无词歌"中最著名的曲子，被改编成管弦乐和轻音乐广泛流传。

优美的小快板速度奏出，流畅欢快的高声部、优美的旋律、波浪起伏的旋律线，和中低声部分解和弦式的装饰音，塑造了生机勃勃、充满活力的形象，描绘出大地复苏、万物欣欣向荣的生动画面，春日里的清新被表现得淋漓尽致。

散文欣赏：仙人世界

在泰戈尔的笔下，一切都是那么美好，孩童的内心是那样的纯粹。亲爱的宝宝，在你的心中，妈妈是不是也如故事中的皇后、公主一般美丽动人呢？准妈妈在读这篇散文诗的时候，要充分调动自己的想象力和情绪。

左右脑开发 丰富的语言开发想象力

如果人们知道了我的国王的宫殿在哪里，它就会消失在空气中的。

墙壁是白色的银，屋顶是耀眼的金。

皇后住在有七个庭院的宫苑里；她戴的一串珠宝，值得整整七个王国的全部财富。

不过，让我悄悄地告诉你，我的妈妈，我的国王的宫殿在哪里。

它就在我们阳台的角上，在那栽着杜尔茜花的花盆放着的地方。

公主躺在远远的隔着七个不可逾越的重洋的那一岸沉睡着。

除了我自己，世上便没有人能够找到她。

她臂上有镯子，她耳上有珍珠；她的头发拖到地板上。

当我用我的魔杖点触她的时候，她就会醒过来，而当她微笑时，珠玉就会从她的唇边落下来。

不过，让我在你的耳边悄悄地告诉你，妈妈。

她就住在我们阳台的角上，在那栽着杜尔茜花的花盆放着的地方。

当你要到河里洗澡的时候，你走上屋顶的那座阳台来罢。

我就坐在墙的阴影所聚会的一个角落里。

我只让小猫和我待在一起，因为它知道那故事里理发匠住的地方。

不过，让我在你的耳朵边悄悄地告诉你，那故事里的理发匠到底住在哪里。

他住的地方，就在阳台的角上，在那栽着杜尔茜花的花盆放着的地方。

古诗词里的数字——三

这是准妈妈怀孕的第 3 个月啦,快来和胎宝宝一起看看,古诗里有哪些带有"三"的句子吧!

游子吟
唐·孟郊

慈母手中线,游子身上衣。
临行密密缝,意恐迟迟归。
谁言寸草心,报得三春晖。

望庐山瀑布
唐·李白

日照香炉生紫烟,遥看瀑布挂前川。
飞流直下三千尺,疑是银河落九天。

黄鹤楼送孟浩然之广陵
唐·李白

故人西辞黄鹤楼,
烟花三月下扬州。
孤帆远影碧空尽,
唯见长江天际流。

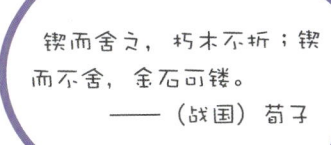

锲而舍之,朽木不折;锲而不舍,金石可镂。
——(战国)荀子

声律启蒙(节选)

学习《声律启蒙》,学到的不仅是知识,更重要的是对大脑的训练,如辨音、辨义、联想、应变等,读起来非常有意思,多给胎宝宝念几次吧。

一东

云对雨,雪对风,晚照对晴空。
来鸿对去雁,宿鸟对鸣虫。
三尺剑,六钧弓,岭北对江东。
人间清暑殿,天上广寒宫。

两岸晓烟杨柳绿,一园春雨杏花红。
两鬓风霜,途次早行之客。
一蓑烟雨,溪边晚钓之翁。

散文欣赏：白公鹅（节选）

"白毛浮绿水，红掌拨清波"，大白鹅有悠然的姿态，美丽而洁白的羽毛，它有时高傲得像王子，有时又凶猛异常像个大将军，它可是非常有趣的家禽。今天，准爸爸来给胎宝宝读一读叶·诺索夫的《白公鹅》吧，一起来认识这只高傲的大白鹅。

如果可以给禽鸟授军衔的话，那么，这只白鹅满可以当个海军上将。瞧它那姿态，那步履，它同村里其他的鹅讲话时的那种语调——全是海军上将的风度。

它走起路来神气十足，一步一停。每迈出一步之前，总是先把白色制服下的鹅爪高高抬起，同时把那像折扇似的脚蹼一收，这样站一会儿，然后才不慌不忙地把脚往泥泞里踩去。它竟然能够用这种姿势走过最泥泞的道路而不弄脏一片羽毛。

这只鹅从来不跑，甚至放狗去赶它也不跑。它总是高高地、一动不动地昂起长长的脖子，好像脑袋上顶着一杯水似的。

提起脑袋，说实在的，它好像并没有脑袋，而是从脖子上直接长出那橙黄色的、鼻梁上凸起一个大包的巨喙。这包非常像是帽徽。

当这只鹅在浅滩上伸展开身子，扑打着那足有一米半长的翅膀时，水面便激起阵阵粼波，岸边的芦苇也沙沙作响。如果这时它再叫两声，草场上挤奶员的奶桶也会被震得嗡嗡作响。

总而言之，这只白鹅是整个草场上最重要的人物。由于自己这一地位，所以它生活得无忧无虑、自由自在。村里最漂亮的母鹅一只只都盯着它。水草、浮萍、贝壳和蝌蚪最多的浅滩全都属于它。最干净的、被太阳晒得暖烘烘的沙底浴场——是它的；草场上最嫩的青草地——也是它的。

美学胎教：名画《日出·印象》

右脑开发 绘画激发想象力

晨雾笼罩中，日出时的港口雄伟而又梦幻，粼粼的波光中映着太阳的影子。早上醒来后，准妈妈和胎宝宝一起观看日出吧！

中文名	克劳德·莫奈
外文名	Claude Monet
国籍	法国
出生日期	1840 年 11 月 14 日
主要成就	印象派代表人物和创始人之一
代表作品	《日出·印象》《睡莲》《干草堆》

透过薄雾观望勒阿佛尔港口的日出，经过晨雾的折射，一抹圆形的红日在昏暗的景象中极其突出，在水面上形成随波颤抖的暖光，急促的条形笔触与光线投影相互呼应，给人以深刻印象。

在由淡紫、微红、蓝灰和橙黄等色调组成的画面中，一轮生机勃勃的红日拖着海水中一缕橙黄色的波光，冉冉升起。海水、天空、景物在轻松的笔调中，交错渗透，浑然一体。近海中的三只小船，在薄雾中渐渐变得模糊不清，远处的建筑、港口、吊车、船舶、桅杆等也都在晨曦中朦胧隐现。

莫奈借用长短不一的笔触描绘出水面上泛起的波光，三只小船在朦胧的雾气中若隐若现，远处依稀可见的工厂烟囱、吊车等物象皆是利用隐约的笔触表现，将日出时刻法国海港的神奇呈现给准妈妈和胎宝宝。整个画面笼罩在稀薄的灰色调中，雾气交融。日出时，海上雾气迷蒙，水中反射着天空和太阳的颜色，岸上景色若隐若现，十分生动。

胎教故事：小熊让路

谦让是一种美德，谦让会让彼此都感到舒服和快乐。故事里的小熊给乌龟爷爷让了路，得到了表扬，心里美美的。宝宝，你是不是也替小熊开心呢？

左右脑开发　语言刺激开发想象力

一天，小熊打算独自一人去河对面的熊外婆家看望外婆。

去外婆家的路上必须要经过一座小桥，小桥非常窄，一次只能通过一个人。

小熊拎着篮子高高兴兴准备过桥，可是当他走到桥中央的时候，乌龟爷爷从对面走了上来。乌龟爷爷年纪大了，眼神不好使，腿脚也不方便，小熊便立刻从桥中央返回到桥头，好给乌龟爷爷让路。

乌龟爷爷走的速度很慢很慢……小熊便在桥头的另一边静静地耐心等待着乌龟爷爷走过来。走了好久好久，乌龟爷爷才走到桥的这边。乌龟爷爷看见蹲在地上等着过桥的小熊，说道："我们的小熊真是个耐心懂事的好孩子。"

小熊害羞地摸着自己毛茸茸的脑袋，笑着说道："乌龟爷爷，这是我应该做的，并且十分乐意。"

古诗词里的动物——鸡

在古诗里,鸡是个很有生活气息的意象,代表着无忧无虑的田园生活,非常惬意安详。准妈妈和胎宝宝一起来看看,有哪些古诗提到了"鸡"吧!

浣溪沙·游蕲(qí)水清泉寺

宋·苏轼

山下兰芽短浸溪,松间沙路净无泥,潇潇暮雨子规啼。
谁道人生无再少?门前流水尚能西!休将白发唱黄鸡。

画鸡

明·唐寅

头上红冠不用裁,满身雪白走将来。
平生不敢轻言语,一叫千门万户开。

充满着欢乐与斗争精神的人们,永远带着欢乐,欢迎雷霆与阳光。
——(英)赫胥黎

儿歌:种太阳

太阳给我们带来了温暖和阳光,让世界变得温暖明亮。亲爱的宝宝,你就是妈妈心中最耀眼的小太阳!

我有一个美丽的愿望
长大以后能播种太阳
播种一个
一个就够了
会结出许多的许多的太阳
一个送给
送给南极
一个送给
送给北冰洋
一个挂在
挂在冬天
一个挂在晚上
挂在晚上
啦啦啦啦种太阳
啦啦啦啦种太阳
啦啦啦啦啦啦啦啦
种太阳
到那个时候世界每一个角落
都会变得温暖又明亮

做个全身SPA

右脑开发 激发情绪感知

在怀孕初期，准妈妈可能会经常觉得情绪低落，无精打采，浑身乏力。做个全身SPA吧！舒缓一下身体，放松心情，以最平和的心态去面对，孕期会更轻松。要知道，每一个宝宝与爸爸、妈妈之间都有着妙不可言的缘分。

方法

点上芳香蜡烛，打开音响，选几首轻快的音乐，在浴缸中加入花瓣，以唤醒视觉、听觉以及嗅觉感受。踏入浴缸，使血液从脚底开始循环，然后将自己的身体全部浸入热水，缓缓深呼吸。敷上一片保湿面膜，借着蒸汽，让营养更加深入。闭上眼睛，感受这难得的宁静，静静享受热气氤氲的温暖。

插花陶冶情操

右脑开发 激发想象力和审美情趣

插花，顾名思义，就是将剪下来的花根据一定的构思，插在瓶、盘、盆等容器里，重新整枝成一件美观高雅的艺术品。对于准妈妈来说，学习插花不仅可以修身养性、陶冶情操，更能提升胎宝宝的审美情趣！准妈妈插花不需要很专业，根据自己的想象随意发挥即可，自己喜欢就是好作品。

插花的步骤

1. **修剪**：去掉花卉的残枝败叶，根据不同样式进行长短剪切，并根据构思进行弯曲处理。为了延长花卉的寿命，最好在水中进行剪取。
2. **固定**：在花器的瓶口处按照瓶口直径长度，取两段较粗的枝干，十字交叉于瓶口处进行固定，这样更容易让花卉按照设想成型。
3. **插序**：一般先插花，后插叶，不然会在插叶的时候降低花的高度。

美学胎教：名画《农民的婚礼》

右脑开发 绘画激发想象力

看到这幅画里的情形和热闹的场面，准妈妈是不是马上感到心里暖暖的，又回想起自己的婚礼了？那种甜蜜而又幸福的感觉，胎宝宝在腹中也能感受到呢！

中文名	彼得·勃鲁盖尔
外文名	Bruegel Pieter
国籍	荷兰
出生日期	1525 年
主要成就	欧洲美术史上第一位"农民画家"，欧洲独立风景画的开创者
代表作品	《农民的婚礼》《农民舞蹈》《雪中猎人》《盲人引路》《牧归》

《农民的婚礼》这幅画中的婚礼，地点像是在一个谷仓里，墙垛用干草堆成，人们坐在用树干制成的简陋板凳上，围在长方形桌前就餐。准妈妈可以先回忆一下自己婚礼上热闹、喜庆的场面，尽可能地将感觉充分调动起来，因为即使环境不同，但那嘈杂喧闹的气氛仍是能体会到的。

身穿蓝色衣服、头戴红帽、系着白色围裙的人，在画面中显得鲜亮而醒目。和这个人相比，婚宴的主角——新娘，倒不那么显眼了。新娘满意地坐在一个纸糊的花冠下方，头上也戴了"宝冠"。即使处在后排，也能够让人一眼辨认出她的特殊身份来。她闭着眼睛，双手交叠在一起，似乎脱离了喧闹的环境，独自陶醉在对婚姻的期待里。红扑扑的脸蛋并不漂亮，可是自有幸福的笑容挂在嘴角上。

画面中的生活平凡而温暖，情感真挚无比，虽是普通的农家宴席，却洋溢着隆重甚至圣洁的气氛。

成语故事：掩耳盗铃

掩耳盗铃的成语出自《吕氏春秋·自知》，比喻自欺欺人，是一个很有趣却富含教育意义的故事。准妈妈可以把这个故事讲给胎宝宝听，教给他一些做人的道理。

左脑开发 锻炼思维能力

春秋时候，晋国世家赵氏灭掉了范氏。有人趁机跑到范氏家里想偷点东西，看见院子里吊着一口大钟。钟是用上等青铜铸成的，造型和图案都很精美。小偷心里高兴极了，想把这口精美的大钟背回自己家去。可是钟又大又重，怎么也挪不动。他想来想去，只有一个办法，那就是把钟敲碎，然后再分别搬回家。

小偷找来一把大锤子，拼命朝钟砸去，"咣"的一声巨响，把他吓了一大跳。小偷慌了，心想这下糟了，这钟声不就等于告诉人们我正在这里偷钟吗？他心里一急，一下子扑到了钟上，张开双臂想捂住钟声，可钟声又怎么捂得住呢！钟声依然悠悠地传向远方。

他越听越害怕，不由自主地抽回双手，使劲捂住自己的耳朵。"咦，钟声变小了，听不见了！"小偷高兴起来，"妙极了！把耳朵捂住不就听不见钟声了吗！"他立刻找来两个布团，把耳朵塞住，心想，这下谁也听不见钟声了。于是就放手砸起钟来，一下一下，钟声响亮地传到很远的地方。人们听到钟声蜂拥而至，最终把小偷捉住了。

营养胎教：酸甜萝卜

左脑开发 激发味觉、嗅觉

　　试试这道爽口的酸甜萝卜吧，简单易上手还十分开胃，对孕早期没食欲的准妈妈来说，再合适不过了。白萝卜有清热解火的作用，且含有丰富的维生素C和微量元素锌，有助于准妈妈增强机体免疫功能，提高抗病能力。

食材

　　白萝卜1根，米醋300毫升，小米辣椒10个，盐、冰糖、水各适量。

制作步骤

　　萝卜洗净去皮，切成长条或者片状，加适量盐，腌制30分钟。

　　把腌制好的萝卜洗净并沥干水分。

　　把小米辣椒切成小块，和米醋、水、冰糖一起搅拌。

　　将萝卜和调好的料汁装入容器，料汁要盖过萝卜。

　　封放1~2天就可以吃啦，酸甜爽口，咬一口嘎嘣脆。

> 使生活变成幻想，再把幻想化为现实。
> ——（法）居里夫人

儿歌：两只老虎

　　《两只老虎》是一首法国童谣，经过改编后成为中国脍炙人口的儿歌。胎宝宝快来和准妈妈一起看看，这两只老虎究竟有多奇怪吧！

两只老虎，两只老虎，
跑得快，跑得快，
一只没有眼睛，
一只没有尾巴，
真奇怪！真奇怪！

两只老虎，两只老虎，
跑得快，跑得快，
一只没有耳朵，
一只没有尾巴，
真奇怪！真奇怪！

营养胎教：柠檬香煎三文鱼

DHA是大脑皮质、中枢神经系统和视网膜的重要构成部分，俗称"脑黄金"，对胎宝宝的大脑发育、视网膜光感细胞的成熟有着非常重要的作用。深海三文鱼是最富含DHA的食物之一，不如来试着做一下这道柠檬香煎三文鱼。三文鱼用小火煎得微焦，滋滋冒着油，黄油的奶香味裹着柠檬的清爽，兼顾营养和美味。

左脑开发 激发味觉、嗅觉

食材

三文鱼1块，柠檬半个，盐、黑胡椒、黄油各适量。

制作步骤

三文鱼洗净去皮，用厨房纸将水分吸干，两面撒上适量的盐和黑胡椒，冷藏半天。

取半个柠檬，用削皮刀刮下黄色表皮并切成碎末，留一片柠檬片。

起锅，放入黄油，黄油融化后放入三文鱼，煎三四分钟。

单面煎完后，翻面再煎2分钟，倒入柠檬碎、柠檬汁。美味的香煎三文鱼就制作完成啦，准妈妈快动起双手，大快朵颐吧！

散文欣赏：雪（节选）

鲁迅的《雪》，优美而又有趣，让人读着读着便仿若置身雪景中，和孩童一起堆雪人，心情也瞬间变得明亮舒展起来。亲爱的宝宝，等你出生以后，爸爸妈妈带你一起去看雪，好不好啊？

左脑开发 丰富的语言刺激

暖国的雨，向来没有变过冰冷的坚硬的灿烂的雪花。博识的人们觉得他单调，他自己也以为不幸否耶？江南的雪，可是滋润美艳之至了；那是还在隐约着的青春的消息，是极壮健的处子的皮肤。雪野中有血红的宝珠山茶，白中隐青的单瓣梅花，深黄的磬口的蜡梅花；雪下面还有冷绿的杂草。蝴蝶确乎没有；蜜蜂是否来采山茶花和梅花的蜜，我可记不真切了。但我的眼前仿佛看见冬花开在雪野中，有许多蜜蜂们忙碌地飞着，也听得他们嗡嗡地闹着。

孩子们呵着冻得通红，象紫芽姜一般的小手，七八个一齐来塑雪罗汉。因为不成功，谁的父亲也来帮忙了。罗汉就塑得比孩子们高得多，虽然不过是上小下大的一堆，终于分不清是壶卢还是罗汉，然而很洁白，很明艳，以自身的滋润相粘结，整个地闪闪地生光。孩子们用龙眼核给他做眼珠，又从谁的母亲的脂粉奁中偷得胭脂来涂在嘴唇上。这回确是一个大阿罗汉了。他也就目光灼灼地嘴唇通红地坐在雪地里。

第二章
孕中期

孕中期算是整个孕期中比较"舒服"的一段时间。随着激素水平的稳定,准妈妈的早孕反应会逐渐消失。

这个阶段,胎盘已经形成了,胎宝宝也进入了相对安全的阶段,在 16~20 周这个时间段里,大多数胎宝宝都会用胎动来和爸爸、妈妈互动了。因此,孕中期是胎教的黄金期,准爸、准妈万万不可错过。

此时的胎宝宝已经具备条件反射能力,适当、科学的胎教,可以使胎宝宝各个感觉器官在众多良性信号的刺激下,功能发育更加完善。

孕4月

在怀孕的第4个月（13~16周），胎宝宝的生殖器官已经形成，大脑开始划分专门的区域进行五感发育，连接母体的脐带也开始出现，现在的胎宝宝已经是个成型的小人儿了！准妈妈可能要感受到美妙的第一次胎动了，胎宝宝可以做出各种各样的动作，甚至还会翻跟头呢！

多吃坚果更聪明

坚果的营养价值很高，核桃、花生等都富含卵磷脂，是神经系统所需要的重要物质，具有健脑、补脑的功效，多吃坚果对提升胎宝宝的记忆力有很大帮助。

晒太阳补充维生素D

对于孕期可能面临缺钙问题的准妈妈来说，合理补钙很重要。维生素D又叫阳光维生素，多晒太阳能够促进维生素D的合成，进而促进钙的吸收。

勤通风，呼吸新鲜空气

新鲜空气中的氧气含量很高，天气晴朗、温度适宜的时候，记得多多开窗通风。准妈妈经常呼吸新鲜空气，可以促进血液循环，提神醒脑。这也是让胎宝宝近距离感受大自然的一种方式。

早睡早起身体好

科学研究发现,新生儿的睡眠习惯和准妈妈在孕期的睡眠习惯有很大关联。所以亲爱的准妈妈,如果你坚持早睡早起的好习惯,胎宝宝出生后的睡眠规律也会给你一个惊喜哦!

开始和胎宝宝对话吧

爸爸、妈妈听不到胎宝宝的声音,胎宝宝却能听到爸爸、妈妈的声音哦!准妈妈和准爸爸可以多和胎宝宝对话,语气可以生动活泼一些,语调可以夸张一些,"宝宝快快长大吧,大眼睛像妈妈,高鼻梁像爸爸!"

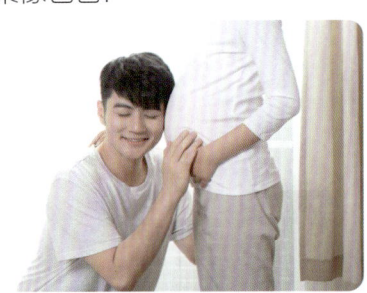

情绪胎教

准妈妈的好情绪能够给胎宝宝带来更多的安全感。心情烦躁的时候,准妈妈可以把手放在腹部进行深呼吸,想象着腹中可爱的小家伙,让自己快速平静、放松下来。

准爸爸是贴身营养师

准妈妈在孕期的饮食起居有很多繁杂的注意事项,准爸爸应该发挥辅助和监督的作用,帮助准妈妈更加健康、快乐地度过孕期。

第13周

情绪胎教

右脑开发 激发情绪感知力

准妈妈怀孕期间情绪起伏较大,情绪胎教是贯穿整个怀孕过程的重要环节。胎教的秘诀就是爱和耐心。

操作方法

饮食起居要有规律,按时作息,适度做些运动锻炼。

准妈妈可以看一些可爱的宝宝照片,想象腹中的胎宝宝也是这样美丽、可爱。

欣赏花卉、盆景、美术作品和大自然的美好景色。

把自己打扮得美美的,准妈妈会获得好心情。

常听优美的音乐,读读诗歌、童话和科学育儿书刊。

每天和胎宝宝对话,如早、晚同胎宝宝打招呼。

一道烧脑题:理发师悖论

左脑开发 激发逻辑思维能力

城里有个理发师放出豪言,自相矛盾却又能自圆其说,有趣极了。准妈妈快来看看,这位理发师究竟说了什么话吧!

理发师称:"我帮城里所有不自己刮脸的人刮脸。"那么问题来了,理发师给自己刮脸吗?

如果他给自己刮脸,就违反了只帮不自己刮脸的人刮脸的承诺。

如果他不给自己刮脸,就必须给自己刮脸,因为他承诺帮所有不自己刮脸的人刮脸。

聪明的准妈妈是不是已经被绕晕了?

悖论是指同一命题中,隐含着两个对立的结论,而这两个结论都能自圆其说。

美学胎教:名画《大碗岛的星期天下午》

右脑开发 绘画激发想象力

这是一个阳光明媚的星期天,人们从四面八方来到了风景优美的大碗岛,这里有绿油油的草地,茂密的树林,仿佛还能闻到花草淡淡的清香,真是美极了。宝宝,你感受到了吗?

中文名	乔治·修拉
英文名	Georges Seurat
国籍	法国
出生日期	1859 年
主要成就	新印象主义的创始者和卓越代表
代表作品	《大碗岛星期天的下午》《马戏团的一幕》《喧闹》

《大碗岛的星期天下午》是法国画家乔治·修拉的代表作,画面描绘了人们在塞纳河阿尼埃的大碗岛上休息度假的情景。阳光下的河滨树林间,人们在休憩、散步、垂钓,河面上隐约可见有人在划船,午后的阳光拉下人们长长的身影,整幅画面宁静而和谐。

画家着意把画面分成了被阳光照射的部分和处于阴凉中的部分,使画面构成了鲜明的对比。画面中的人物有的站在那里欣赏风景,有的躺卧或坐在地上自娱自乐,有的成双成对地谈笑,有的面对湖面独自沉默。

宝宝你知道吗,和你在一起度过安闲自在的周末,就是我们今后的生活写照,妈妈和爸爸一直向往着。

纸上风景盛宴之漓江

桂林山水甲天下，游桂林，一定要从漓江开始。孕4月，准妈妈和胎宝宝一起，走进如诗如画的漓江吧！亲爱的准妈妈，虽然现在不能去桂林游览像画卷一样美丽的漓江，但你可以尝一下好吃的桂林米粉。相信那独特的酸甜风味，孕中期的你一定会喜欢的！

右脑开发 激发视觉知觉

漓江是桂江上游河段，全长164千米，沿江河床水质卵石很多，水流清澈，著名的桂林山水就在漓江上。

漓江两岸山峰挺拔、青翠，有形态万千的奇洞美石、峡谷峭壁，偶尔还会看见悬泉飞瀑；多数石峰上都长有绿茸茸的苔藓和细碎的野花，远远望去，就像少女的裙裾，非常漂亮。游玩的人顺流而下，被青山绿水环绕，好像置身在仙境。如果遇到阴雨连绵的天气，江上烟波浩渺，群山若隐若现，浮云穿行于奇峰之间，雨幕似轻纱笼罩山峰之上，整个漓江就好像一幅千姿百态的泼墨画。

必看景点

杨堤烟雨、浪石仙境、九马画山、黄布倒影、兴坪佳境、净瓶山、奇峰镇

有趣的特色节日

花炮节：这是侗族的传统民俗节日，每个地方的日期都不同。这一天要放花炮，第一炮代表人丁兴旺，第二炮代表恭喜发财，第三炮代表五谷丰登。活动结束后，年轻人会聚在一起点篝火、跳舞、唱歌，十分热闹。

苗年：苗族的传统节日，姑娘们会盛装出席，并戴上龙凤银角、银簪、银梳，在小伙子

们熟练的芦笙伴奏下翩翩起舞。节日期间，人们还喜欢走亲访友，互致祝福，有的地方还会福举行盛大的斗牛、赛马等活动。

古诗词里的数字——四

四季在古诗里被称为"四时",全国各地在古诗里被称为"四海","四月"是春意最浓的时节。"四"在古诗里是个很常见的数字。到了怀孕的第4个月,准妈妈来读一读那些带有"四"的古诗吧!

晓出净慈寺送林子方
唐·杨万里

毕竟西湖六月中,风光不与四时同。
接天莲叶无穷碧,映日荷花别样红。

大林寺桃花
唐·白居易

人间四月芳菲尽,山寺桃花始盛开。
长恨春归无觅处,不知转入此中来。

中秋月(之二)
唐·李峤

圆魄上寒空,皆言四海同。
安知千里外,不有雨兼风?

> 时间是世界上一切成就的土壤。时间给空想者痛苦,给创造者幸福。
> ——(美)麦金西

诗歌:我的歌

为孩子唱一首充满爱意的歌,这对你还有你的宝宝来说,都将会是一件特别幸福的事。

我的孩子,我这一支歌将扬起它的乐声围绕你的身旁,好像那爱情的热恋的手臂一样。
我这一支歌将触着你的前额,好像那祝福的接吻一样。
当你只是一个人的时候,它将坐在你的身旁,在你耳边微语着;当你在人群中的时候,它将围住你,使你超然物外。
我的歌将成为你的梦的翼翅,它将把你的心移送到不可知的岸边。
当黑夜覆盖在你路上的时候,它又将成为那照临在你头上的忠实的星光。
我的歌又将坐在你眼睛的瞳仁里,将你的视线带入万物的心里。
当我的声音因死亡而沉寂时,我的歌仍将在我活泼泼的心中唱着。

——(印度)泰戈尔

双语胎教：公共汽车的轮子转呀转

《公共汽车的轮子转呀转》(The wheels on the bus)是一首在英国耳熟能详的童谣，描绘了行进中颠颠簸簸的公共汽车和被颠得上上下下的人们，内容轻松活泼，语言风趣。准妈妈和胎宝宝一起来读一读，感受一下欢快的氛围。

左脑开发 丰富的语言刺激

公共汽车的轮子转呀转，	The wheels on the bus go round and round,
转呀转，转呀转，	Round and round, round and round,
公共汽车的轮子转呀转，	The wheels on the bus go round and round,
穿过城镇。	All through the town.
公共汽车上的人们上上下下，	The people on the bus go up and down,
上上下下，上上下下，	Up and down, up and down,
公共汽车上的人们上上下下，	The people on the bus go up and down,
穿过城镇。	All through the town.
公共汽车的喇叭嘟嘟嘟，	The horn on the bus goes toot, toot, toot,
嘟嘟嘟，嘟嘟嘟，	Toot, toot, toot, toot, toot, toot,
公共汽车的喇叭嘟嘟嘟，	The horn on the bus goes toot, toot, toot,
穿过城镇。	All through the town.

营养胎教：黑豆沙拉

很多准妈妈在怀孕时都会出现轻微贫血的情况，长期贫血对胎宝宝和准妈妈都会造成一定的影响。在孕中期，食补是非常重要的环节。黑豆富含铁元素，营养价值很高，无论是煮粥、拌沙拉都是很好的选择，而且味道也很不错。

左脑开发 激发味觉、嗅觉

食材

黑豆、玉米粒各50克，圣女果、红甜椒、橄榄油、苹果醋、盐、黑胡椒、香菜段各适量。

制作步骤

黑豆和玉米粒煮熟，盛到沙拉碗中。

把圣女果、红甜椒洗净，切成块，一起放入碗中。

将橄榄油、苹果醋、盐倒入碗中，把所有食材搅拌均匀，最后撒上少许黑胡椒和香菜段即可。

胎教故事：树木在秋天写的信

树木怎么会写信呢？这到底是怎么回事，准妈妈和胎宝宝一起去看看吧！

左脑开发　丰富的语言刺激

在一个低矮的山坡上，有一棵好大好大的银杏树。春天到了，太阳公公笑眯眯地拍着银杏树，贴着它耳朵说："乖孩子，别睡了，现在该发芽了！"

过了一天又一天，在太阳公公的看护下，可爱的银杏树终于穿上了绿色的新衣，一身绿装的银杏树变得可美丽了。

到了夏天，银杏树几乎每天都和太阳公公在一起。不知不觉间，树叶已经长到像小松鼠的手掌那么大了。

现在的银杏树可威武呢！它在山坡上高高地耸立着，简直就是一位威风凛凛的大将军！

慢慢的，秋天来了，银杏树也在一天一天地变化着。它渐渐卸下美丽的绿装，换上了一身金灿灿的黄衣。

一天，风伯伯轻轻拍拍银杏树说："你看，那边山上来信了，不过这信可没有署名字。"

"瞧，"银杏树看着风伯伯递过来的叶子信，笑着说，"它好像娃娃的手掌，又这么红，不用说，一定是红枫树妹妹给我写来的，我得看看它在信里说了些什么。"

红枫树在信里写了好多有趣的故事。在旁边悄悄藏着看信的蓝尾巴鸟也快乐地拍起翅膀来。风伯伯在一旁禁不住呵呵呵地笑……

不久，风伯伯又送来一封椭圆的、红艳艳、黄灿灿的信，银杏树又马上猜到：那一定是小淘气——柿子树的信！

信一封接一封地来，银杏树一封接一封地读，风伯伯就这样一天天传递着大树们的欢乐与友爱……

古诗词里的动物——马

在古代,马是人们朝夕相处的生活伙伴,在古诗中随处可见,往往象征着生活。准妈妈快来和胎宝宝一起看看,古人对马有什么特殊情感吧!

送友人
唐·李白

青山横北郭,白水绕东城。
此地一为别,孤蓬万里征。
浮云游子意,落日故人情。
挥手自兹去,萧萧班马鸣。

出塞(其一)
唐·王昌龄

秦时明月汉时关,万里长征人未还。
但使龙城飞将在,不教胡马度阴山。

马诗
唐·李贺

大漠沙如雪,燕山月似钩。
何当金络脑,快走踏清秋。

集腋成裘,聚沙成塔。几秒钟虽然不长,却构成永恒长河中的伟大时代。
——(美)弗莱彻

绕口令:板凳与扁担

练练嘴皮子吧!这是一则非常经典的绕口令,胎宝宝和准妈妈比一比,谁的舌头更灵活。

板凳宽,扁担长。
扁担没有板凳宽,
板凳没有扁担长。
扁担要绑在板凳上,
板凳不让扁担绑在板凳上,
扁担偏要扁担绑在板凳上。
板凳偏不让扁担绑在板凳上。
你说最后扁担到底绑没绑在板凳上。

从现在开始爱上散步

右脑开发 激发视觉与知觉感知

散步是很好的孕期运动方式，不但有利于准妈妈的身心健康，也可以让胎宝宝通过妈妈的眼睛来认识这个世界。胎宝宝通过妈妈的身体去感知世界上美妙的一切，可以预先掌握生活中的智慧和常识，这也是准妈妈和胎宝宝共同体验生活的方式。

准妈妈可以在下班时提前一站下车，步行走完剩下的路程，也可以午饭后在单位附近信步闲逛，还可以晚饭后和准爸爸一起在小区附近走走，买菜、购物都是很好的选择。

准妈妈可以将散步时看到的景物，遇到的人、事讲给胎宝宝听，比如蔚蓝的天空、棉花糖一样的云彩、奔驰而过的汽车、刚刚抽出枝芽的柳树、铺满马路的杨树落叶，这些都是很好的话题，可以借此向胎宝宝传递很多知识呢！

做一幅漂亮的拼贴画

右脑开发 激发创造力

宝宝，和妈妈一起做一幅拼贴画吧！既可以颐养性情，又能够美化家居，同时还是孕期纪念物之一。如果准爸爸有兴趣，也请他加入进来吧。

材料

胶水，硬纸板，根据自己的喜好选择拼贴材料。

制作方法

选择一张背景板，一般选择颜色鲜艳的厚纸板或卡片。
寻找做拼贴画的材料，如纽扣、羽毛、树叶，都是不错的选择。
想象一下你的成品效果，开动吧！用胶水将材料粘贴在一起。
将拼贴画晾干，因为拼贴画可能有好几层胶水，一定要晾干哦！

音乐胎教：名曲《梁山伯与祝英台》

右脑开发　激发音乐灵感

梁山伯与祝英台的爱情故事传唱千年，可谓家喻户晓，被誉为"爱情的千古绝唱"。从古到今，有无数人被梁祝的爱情所感动。准妈妈和胎宝宝一起来听一听这首小提琴协奏曲《梁山伯与祝英台》，感受一下梁山伯和祝英台之间那真挚又凄美的爱情故事。

中文名	《梁山伯与祝英台》
外文名	The Butterfly Lovers Violin Concerto
作曲	何占豪、陈钢
作品题材	小提琴协奏曲
曲式结构	奏鸣曲

上虞的士族小姐祝英台生得聪明娇美、活泼灵秀，从小喜读诗书，琴棋书画，无所不能。她不甘世俗，不让须眉，千方百计说服父母，女扮男装去书院求学。

平民出身的梁山伯家境贫寒，性格耿直，憨厚笃诚，一心继承父志，经世济人。他在去书院的路上遇到女扮男装的祝英台，二人意气相投，结为异姓金兰。在书院三载，又与英台"日同桌，晚同床"，相互照应，情义深厚。

学成归家时，英台假托为妹做媒，嘱托山伯早日去家中迎娶。

待到山伯赶到时，英台的父亲却已将英台许配给了马文才。马文才风流倜傥，学识一流，家世背景也十分优越，对山伯极尽羞辱讥讽之能事。

英台与山伯阁楼相见叙旧，见姻缘无望，不胜悲愤。

回家后，山伯便生了重病，不久病故。英台听闻噩耗，痛不欲生，只愿与山伯生死相依。

马家娶亲之日，英台花轿绕道至山伯墓前祭奠，霎时风雷大作，坟墓爆裂，英台纵身跃入，墓复合拢，风停雨霁，彩虹高悬。梁祝化为两只美丽的蝴蝶从墓中比翼飞出。

诗歌：对岸

泰戈尔想象中的"对岸"，是恬美神奇的乐土，人们在那里耕耘、放牧，各种飞禽走兽自由自在地栖息生长，连长草在月光下也呈现出异彩。准妈妈心目中的"对岸"又是怎样美丽的世外桃源呢？

左脑开发　丰富的语言刺激

我渴望到河的对岸去。

在那边，很多船只一排排系在竹竿上；

人们在早晨乘船渡过那边去，肩上扛着犁头，去耕耘他们的远处的田；

在那边，牧人使他们鸣叫着的牛涉水到河旁的牧场去；

黄昏的时候，他们都回家了，只留下豺狼在这长满着野草的岛上哀叫。

妈妈，如果你不介意，我长大的时候，要做这渡船的船夫。

据说有好些古怪的池塘藏在这个高岸之后。

雨过去了，一群一群的野鸭飞到那里去。

茂盛的芦苇在岸边四周生长，水鸟在那里生蛋；

竹鸡摇着跳舞的尾巴，将它们细小的足印印在洁净的软泥上；

黄昏的时候，长草顶着白花，邀月光在长草的波浪上浮游。

妈妈，如果你不介意，我长大的时候，要做这渡船的船夫。

我要自此岸至彼岸，渡过来，渡过去，所有村中正在那儿沐浴的男孩女孩，都要诧异地望着我。

太阳升到中天，早晨变为正午了，我将跑到您那里去，说道："妈妈，我饿了！"

一天完了，影子俯伏在树底下，我便要在黄昏中回家来。

我将永远不像爸爸那样，离开你到城里去做事。

妈妈，如果你不介意，我长大的时候，要做这渡船的船夫。

练练大脑

这是一个非常有趣的问题，问题的情景非常滑稽，答案也十分好玩有趣。聪明的准妈妈，开动你智慧的大脑，来解决一下这个问题吧！胎宝宝也不要偷懒哦，和妈妈一起认真思考。

左脑开发 锻炼逻辑思维能力

一个人带着一匹狼、一只羊和一捆菜来到了河边。他需要过河，但河边只有一条船，而且他只能带一样东西上船。如果他把狼和羊一起留在河边，狼会吃掉羊；如果他把羊和菜一起留在河边，羊会吃掉菜。

那么，如何用最少的渡河次数，把所有东西都带到对岸呢？

——答案分割线——
把狼和菜留下，带羊过河。
把狼留下，带菜过河，带羊回来。
把羊留下，带狼过河。
带羊过河。

胎教故事：狼来了

《狼来了》是一个枕边寓言故事，是民间口口相传下来的。故事虽然简单，但富有教育意义，教育孩子要诚实。准妈妈可以用生动的语言、夸张的语调，将这个广为流传的小故事讲给胎宝宝听。亲爱的宝宝，妈妈希望你做一个诚实的好孩子哦！

左脑开发　丰富的语言刺激

从前，有个放羊娃，每天都去山上放羊。

一天，他觉得十分无聊，就想了个捉弄大家寻开心的主意。他向着山下正在种田的农夫们大声喊："狼来了！狼来了！救命啊！"农夫们听到喊声急忙拿着锄头和镰刀往山上跑，他们边跑边喊："不要怕，孩子，我们来帮你打恶狼！"

农夫们气喘吁吁地赶到山上一看，连狼的影子也没有！放羊娃哈哈大笑："真有意思，你们上当了！"农夫们生气地走了。

第二天，放羊娃故伎重演，善良的农夫们又冲上来帮他打狼，可还是没有见到狼的影子。

放羊娃笑得直不起腰："哈哈！你们又上当了！哈哈！"

大伙儿对放羊娃一而再，再而三地说谎十分生气，从此再也不相信他的话了。

过了几天，狼真的来了，一下子冲进了羊群。放羊娃害怕极了，拼命地向农夫们喊："狼来了！狼来了！快救命呀！狼真的来了！"

农夫们听到他的喊声，以为他又在说谎，大家都不理睬他，没有人去帮他，结果放羊娃的许多羊都被狼叼走了。

古诗词里的景——雨

雨是大自然的杰作,也是诗人笔下最常见的题材。在古诗词里,雨的意象繁多,所表现的心境也各有不同。现在就让胎宝宝跟着准妈妈,一起回到古代听听雨吧!

春夜喜雨(节选)
唐·杜甫

好雨知时节,当春乃发生。
随风潜入夜,润物细无声。

临安春雨初霁(节选)
宋·陆游

世味年来薄似纱,谁令骑马客京华。
小楼一夜听春雨,深巷明朝卖杏花。

芙蓉楼送辛渐
唐·王昌龄

寒雨连江夜入吴,平明送客楚山孤。
洛阳亲友如相问,一片冰心在玉壶。

一本新书像一艘船,带领着我们从狭隘的地方,驶向生活的无限广阔的海洋。
——(美)海伦·凯勒

诗歌:笑

林徽因的诗极富艺术性,早期的诗作诗句流畅、意象丰盈、节奏轻快,相信这首《笑》会让准妈妈和胎宝宝感到开心和快乐。

笑的是她的眼睛,口唇,
和唇边浑圆的旋涡。
艳丽如同露珠,
朵朵的笑向
贝齿的闪光里躲。
那是笑——神的笑,美的笑;
水的映影,风的轻歌。
笑的是她惺忪的鬈发,
散乱的挨着她的耳朵。

轻软如同花影,
痒痒的甜蜜
涌进了你的心窝。
那是笑——诗的笑,画的笑:
云的留痕,浪的柔波。

孕5月

第5个月（17~20周），胎宝宝的头长已经占全身长度的1/3了，头发、眉毛、指甲都已经长了出来，调皮的胎宝宝还会用小嘴巴吮吸拇指呢。由于胎宝宝的皮下脂肪开始堆积，现在的皮肤已经由透明变成半透明，骨骼和肌肉也越来越结实，是个健壮的小人儿了。

★ 把早餐当作正餐

到了孕中期，准妈妈更应该注重早餐的质量和营养均衡。早餐吃饱吃好，会降低肠胃负担，既能加强营养和能量供给，又不会让体重增长过快。

★ 牛磺酸促进视网膜发育 ★

胎宝宝的视网膜在孕中期开始发育，准妈妈及时补充富含维生素A、B族维生素和牛磺酸的食物，胎宝宝的视网膜会发育得更加完善，动物肝脏就是很好的营养来源。

★ 夫妻生活有益身心 ★

在相对舒适的孕中期，适当的同房不但对准妈妈的好心情有很大帮助，还能刺激胎宝宝的皮肤及神经发育，将爸爸、妈妈之间的爱意传递给胎宝宝。

运动胎教

准妈妈适时、适量地做些体育锻炼，能够促进血液循环，增加肌肉张力，促进肠胃蠕动，对胎宝宝的大脑和肌肉健康发育都有很大的好处。

惬意的短途旅行

孕中期，胎宝宝相对稳定，准妈妈的早孕反应也基本消失，身体也尚未十分沉重，和准爸爸一起策划一场短途旅行吧！手牵着手，欣赏自然的风光，呼吸新鲜空气，放松惬意又不失浪漫，要知道，准妈妈的好心情胎宝宝也可以感受到。

记录胎动

准妈妈可以选择一个相对安静的环境，采取半卧位，边听音乐边记录胎宝宝的胎动数。早、中、晚各数一次，每次 1 小时，再把这 3 次记录的总和乘以 4，就是 12 小时的胎动了。

准爸爸的担当

胎宝宝在准妈妈的腹中迅速成长，准妈妈的肚子已经开始逐渐变大，准爸爸要多分担一些家务，如晾衣服、打扫卫生等。

抚摸胎教

右脑开发 充沛的情感激发

大约从 16 周开始,准妈妈就能感觉到轻微的胎动了,抚摸一下你的宝宝,给他一些回应吧!

抚摸胎教是用手在准妈妈的腹壁轻轻抚摸,引起胎宝宝的触觉刺激,从而促进他在子宫内的活动,是一种有趣又充满爱意的胎教方法。如果能配合着胎教音乐,效果会更好。

胎教研究表明,恰当地进行抚摸会使胎宝宝的神经系统活动旺盛,加速生长发育的速度。同时,能平复胎宝宝的情绪,使他在子宫内更加放松,内心更加安定。

练习方法

准妈妈仰卧在床上,做几个深呼吸使身体放松,也可以将上半身抬高,采取半卧姿势,最好播放一首轻柔的音乐。

力度要轻柔,按照顺时针的方向去抚摸,节奏要均匀、稳定,带着爱与关注,用心地抚摸。边抚摸边感知胎宝宝微妙的变化,想象与宝宝在一起的快乐和幸福。

一道烧脑题:忒修斯之船

左脑开发 激发逻辑思维能力

这是一个十分有趣的问题,柏拉图、苏格拉底等先贤都曾经为其所困扰,千百年来答案始终难以定论。聪明的准妈妈来看一看这道有趣的题目吧,给胎宝宝说说,你的看法是什么?

如果忒修斯之船上的木头被逐渐替换,直到所有的木头都不是原来的木头,这艘船还是原来那艘船吗?

这道题没有正确答案,不管你的答案是什么,都没有错。

另外,还有一个类似的问题。人体细胞每 7 年更新一次,那么 7 年后的你,还是原来那个你吗?

纸上风景盛宴之婺源

婺源被誉为"中国最美的乡村",美好的田园风光和陶渊明笔下的村居有着异曲同工之妙。亲爱的宝宝,等你长大了,爸爸妈妈一起带你去看油菜花!

右脑开发 激发视觉知觉

《饮酒》其五
晋·陶渊明

结庐在人境,而无车马喧。问君何能尔?心远地自偏。采菊东篱下,悠然见南山。山气日夕佳,飞鸟相与还。

婺源位于江西省上饶市,油菜花远近闻名,远远看去,广袤的蓝天与金灿灿的油菜花田连成一线,绵延无边,最后与远方碧绿的山丘相接,偶尔几片白悠悠的浮云飘过,呈现一派欣欣向荣的景象。

"篱落疏疏小径深,树头花落未成阴。儿童急走追黄蝶,飞入菜花无处寻。"阳光下,油菜花是奔放的。南风吹过,涌起一股又一股金色的波浪,在阳光的照耀下闪过来一波又一波亮光。油菜花田里,清新、自由、沁人心脾的香味与热烈、灿烂、无以言表的色彩调和成了一把熊熊燃烧的火焰,吸引着、炙烤着那双稚嫩的脚丫。

必看景点

江岭、江湾、李坑、卧龙谷、灵岩洞、彩虹桥、严田古樟

有趣的民俗特色

婺源傩(nuó)舞:傩舞是远古时期举行"驱鬼逐疫"祭祀仪式时跳的一种舞蹈。在古代,人们用傩舞来表达对祖先的崇拜和敬畏,人们相信表演傩舞能够保护自己的村庄,能够让村里户户平安,五谷丰登,六畜兴旺。

婺源歙(shè)砚:歙砚,因砚石产于婺源县溪头乡的龙尾山而又名龙尾砚,是中国四大名砚之一。婺源制砚艺人在继承传统的基础上,广泛汲取书画、金石、石雕等艺术门类的营养,生产出更具文化意蕴,同时也更具现代审美意识的砚台。

胎教故事：铁杵磨成针

"只要功夫深，铁杵磨成针"比喻只要有决心，肯下功夫，多么困难的事情也能做成功。宝宝，你慢慢体会这里的道理吧。

左脑开发　丰富的语言刺激

唐朝著名大诗人李白小时候不喜欢念书，常常逃学，到街上去闲逛。

一天，李白又没有去上学，在街上东遛遛、西看看，不知不觉到了城外。暖和的阳光、欢快的小鸟、随风摇摆的花草使李白感叹不已，"这么好的天气，如果整天在屋里读书多没意思！"

走着走着，在一个破茅屋门口，他看到一位满头白发的老婆婆正在磨一根棍子般粗的铁杵。李白走过去，问道："老婆婆，您在做什么？"

"我要把这根铁杵磨成一根绣花针。"老婆婆抬起头，对李白笑了笑，接着又低下头继续磨着。"绣花针？"李白又问："是缝衣服用的绣花针吗？"

"当然！"老婆婆回答道。

"可是，铁杵这么粗，什么时候能磨成细细的绣花针呢？"

老婆婆反问李白："滴水可以穿石，愚公可以移山，铁杵为什么不能磨成绣花针呢？"

"可是，您的年纪这么大了。"李白百思不解。

"只要我下的功夫比别人深，没有做不到的事情。"老婆婆回答道。

老婆婆的一番话令李白很惭愧。他回去之后，再没有逃过学，每天都特别用功地学习，终于成了名垂千古的诗仙。

古诗词里的数字——五

怀孕的第5个月,准妈妈快来和胎宝宝一起看看,古诗词里有哪些诗句提到了"五"这个数字吧!

送杜少府之任蜀州
唐·王勃

城阙辅三秦,风烟望五津。
与君离别意,同是宦游人。
海内存知己,天涯若比邻。
无为在歧路,儿女共沾巾。

秋夜将晓出篱门迎凉有感
宋·陆游

三万里河东入海,五千仞岳上摩天。
遗民泪尽胡尘里,南望王师又一年。

将进酒(节选)
唐·李白

五花马,千金裘,
呼儿将出换美酒,
与尔同销万古愁。

千淘万漉虽辛苦,吹尽狂沙始到金。
——(唐)刘禹锡

儿歌:爬石阶

可爱的小娃娃吭哧吭哧地爬着石阶,挥洒着汗水,虽然辛苦,但却超可爱!

一只手,拉爸爸,
一只手,拉妈妈。
小娃娃,爬石阶,
石阶高,他不怕。
爬呀爬,爬呀爬,
爬上石阶笑哈哈。

第18周 孕期普拉提

到了第18周，准妈妈的腹部已渐渐隆起。在怀孕初期出现的孕吐、疲乏等症状已逐渐减轻或彻底消失，准妈妈的食欲也逐渐恢复了。

右脑开发 | 增强身体协调能力

怀孕中期可以做一些瑜伽运动，伸展四肢的同时，也可以让胎宝宝得到锻炼哦！

练习方法

伸展四肢

1. 取坐姿，双腿交叉，双手合十，慢慢举过头顶。
2. 腹式呼吸。长长地吸入一口气，在呼出的时候双手慢慢回复到胸前。重复5~10次。

蹲地

1. 把一个体积较大的垫子靠墙放在地面上。两腿分开与臀部同宽，并靠墙站立。
2. 在吸气和呼气的过程中曲起膝盖，顺着墙壁慢慢地坐到垫子上面，在臀部碰到垫子的那一刻把双手放在两膝上，用这样的姿势进行休息。
3. 保持以上姿势一两分钟，将身体的重量集中在腿部，完全放松腰部，深深地吸一口气再呼出，在保持背部靠墙的姿势下缓缓起身。但要注意，在胎位为臀位时不能采用这样的姿势。

营养胎教：蚝油香菇

香菇被称为"菇中皇后"，素有"山珍"之称，富含多重维生素和人体必需的脂肪酸，非常适合准妈妈食用。来做一道蚝油香菇吧，既美味又简单！

左脑开发 激发嗅觉、味觉

食材

香菇 100 克，猪肉 150 克，熟栗子、彩椒片、芹菜段、辣椒、蚝油、盐、油各适量。

制作步骤

将香菇去蒂，洗净、切成片并攥干水分；猪肉切成 2 厘米左右的块；辣椒切小段。

炒锅内加入油，中火，将肉丁下锅炒至有点焦黄后加入辣椒炒出香味。

加入香菇，炒到有点微微发软后，加入熟栗子、彩椒片、芹菜段、蚝油和适量的盐继续炒均匀，稍微收汁就完成了。

胎教故事：有裂缝的罐子

不要因优点而感到骄傲，也不要因有缺点而感到遗憾，只要利用自身的特点，就能充分发挥自己的作用。

右脑开发 情感表达

有一个挑水工，他有两个大罐子，分别挂在肩上的扁担两头。其中一个新罐子做工精细，从不漏水，另一个旧罐子上面则有一道裂缝。

每当挑水工回到雇主家时，有裂缝的罐子里的水就只剩一半了。这样过了整整两年，这个挑水工每次挑到雇主家的水仅有一罐半。当然，那个完好的罐子为自己的成就甚感自豪。而那个有裂缝的罐子却因自身的瑕疵而羞愧不已。

痛苦了两年后，一天，有裂缝的罐子对挑水工说："我很惭愧，想向你道歉。"

"为什么？"挑水工问，"你羞愧什么呢？"

"为这两年来只能让你挑回一半的水。因为我身上的这个裂缝，每次你回雇主家的路上，水都在漏，到家时就只剩下半罐了。正是我的裂缝，你不得不多挑几次水。"罐子说。

挑水工说道："当我们返回雇主家时，我希望你能留心路旁那些美丽的花朵。"

的确如挑水工所说，路边开满了美丽的花。这个有裂缝的旧罐子注意到了路旁的野花，它们沐浴在阳光下，非常漂亮。这让旧罐子感到了一丝快乐。

但到雇主家时，旧罐子又为自己漏了一半水而难过起来，于是，它再次为自己的失败向挑水工道歉。

挑水工对旧罐子说："你注意到了吗？你这边沿路都有花，而另一边却没有。我早就注意到了你的裂缝，我就是利用这一点，在你这侧的路边种上了花。每天，我们从小溪回来时，你就给它们浇了水。这两年，我就采这些漂亮的花朵来装点雇主的桌子。倘若你不漏水，他就没有这么美丽的鲜花来装饰屋子了。"

古诗词里的动物——牛

"牛"在古代是主要的耕种工具,因此,古诗词里的牛,往往代表着无忧无虑的田园生活。一起看看,勤劳的耕牛在古诗词里出现,是怎样有趣的场景吧!

牧牛儿
宋·陆游

溪深不须忧,吴牛自能浮。童儿踏牛背,安稳如乘舟。
寒雨山陂远,参差烟树晚。闻笛翁出迎,儿归牛入圈。

所见
清·袁枚

牧童骑黄牛,歌声振林樾。
意欲捕鸣蝉,忽然闭口立。

理想的书籍是智慧的钥匙。
——(俄)托尔斯泰

儿歌:爸爸是警察

警察叔叔抓坏人、站岗执勤,危险又辛苦,都是为了守护我们大家的安全。这个勇敢的警察叔叔,是小朋友的爸爸,亲爱的宝宝,我们都要尊敬他。

我的爸爸是警察,　为了大家的安全,
工作辛苦又伟大。　专门来把坏人抓。
夜以继日把班上,　我要好好听妈话,
假日休息很难得。　长大我也当警察。

做一道推理题吧

左脑开发 锻炼逻辑思维能力

准妈妈现在是不是觉得懒懒的，什么都不想去思考？这个时候可千万不能偷懒啊，准妈妈爱动脑，才能更好地促进胎宝宝的智力发育。一起做道智力题，开发开发智力吧！

这是爱因斯坦在20世纪初出的谜题。

在一条街上，有5座房子，喷了5种颜色。每个房子里住着不同国籍的人，每个人喝不同的饮料，抽不同品牌的香烟，养不同的宠物。

1. 英国人住红色房子。
2. 瑞典人养狗。
3. 丹麦人喝茶。
4. 绿色房子在白色房子左边隔壁。
5. 绿色房子的主人喝咖啡。
6. 抽PallMall香烟的人养鸟。
7. 黄色房子的主人抽Dunhill香烟。
8. 住在中间房子的人喝牛奶。
9. 挪威人住第一间房。
10. 抽Blends香烟的人住在养猫人的隔壁。
11. 养马人住在抽Dunhill香烟的人隔壁。
12. 抽BlueMaster的人喝啤酒。
13. 德国人在抽Prince香烟。
14. 挪威人住在蓝色房子隔壁。
15. 抽Blends香烟的人有一个喝水的邻居。

请问：谁养鱼？

——答案分割线——

挪威人住黄房子，抽Dunhill，喝水，养猫；
丹麦人住蓝屋子，抽Blends，喝茶，养马；
英国人住红屋子，抽PallMall，喝牛奶，养鸟；
德国人住绿屋子，抽Prince，喝咖啡，养鱼；
瑞典人住白屋子，抽BlueMaster，喝啤酒，养狗。
所以答案是：德国人养鱼。

音乐胎教：名曲《彼得与狼》

右脑开发 激发音乐灵感

凶猛的大灰狼吃掉了可怜的小鸭子，小动物们都害怕极了，但勇敢的彼得用他的聪明智慧战胜了恶狼，把恶狼关进了动物园，拯救了小动物。亲爱的胎宝宝，你也一定像彼得一样，是个聪明又勇敢的孩子吧！

《彼得与狼》是苏联作曲家普罗科菲耶夫为儿童写的一部交响童话，完成于1936年春，同年5月2日在莫斯科的一次儿童音乐会上首次演出。该作品是普罗柯菲耶夫的代表作品之一。

该曲虽以儿童为对象，但同时也使成人们产生了很大的兴趣。由作者本人所构思的情节和撰写的朗诵词，具有生动活泼而又深刻的教育意义。

彼得与他的好朋友鸟儿一起玩耍，家中的小鸭在池塘嬉游，与小鸟争吵。小猫趁机要捕捉小鸟，被彼得阻拦。爷爷后来吓唬他们说狼要来了，把彼得带回家。不久，狼真来了，吃掉了小鸭，还躲在树后要捉小鸟和小猫。彼得不顾个人安危，在小鸟的帮助下捉住狼尾巴，将它拴在树上，爷爷和猎人赶来把狼抓进了动物园。故事寓意深刻，表现了儿童彼得的勇敢和机智。

音乐中用长笛、双簧管、单簧管、大管、弦乐四重奏，定音鼓和大鼓所奏出的具有特性的短小旋律和音响，分别代表小鸟、鸭子、猫、爷爷、少先队员彼得和猎人的射击声等。准妈妈可以和胎宝宝一起来比赛，每出现一种新乐器，就猜一猜这代表的是哪个角色，看谁猜得又快又准吧！

中文名	谢尔盖耶维奇·普罗科菲耶夫
外文名	Sergeyevich Prokofiev
出生日期	1891年4月23日
主要成就	20世纪世界重要的作曲家之一
代表作品	《第一交响曲》《第三钢琴协奏曲》《亚历山大·涅夫斯基》

胎教故事：我是谁的小猫

相似的不一定是外貌，相同的却是爱子之心。亲爱的准妈妈，告诉我们的胎宝宝，妈妈有多么爱他吧！

左脑开发 丰富的语言刺激

猫妈妈阿黄生了五只小猫，其中四只是黄猫，和它们的妈妈一样。只有一只身上有黄色和黑色的斑纹，阿黄给它取名叫花花。

"你们生在猫科家族，应该感到自豪，我们是个大家族，连狮子、老虎都是我们家族的成员呢。"阿黄常常这样和它的孩子们说。花花听了这些话，心想，那些"大猫"——狮子、老虎多了不起啊，我要是像它们一样该多好啊！它看了看自己身上的花纹，越看越觉得自己不同凡响。于是，它对阿黄说："你不是我的妈妈，我长得和你不一样，和其他小猫也不一样，我是谁的小猫呢？"

"你当然是我的小猫啦！"阿黄说，"我是你的妈妈，其他的小猫是你的兄弟姐妹。"可是花花不相信。"也许我妈妈是一头狮子，我要是跟在它身边，它会带我一起捕羚羊。"花花自言自语，"也许我的妈妈是一只老虎，我要是在它身边，它一定会带我在森林里游玩。"花花又说，"不行，我要去找我的亲妈妈。"花花想到这里，觉得自己一刻也不想待在猫窝里了。

于是，花花悄悄离开了家，去找它的"亲"妈妈。它轻手轻脚地走在大街上。突然，一只大狗发现了它，"汪！汪！"大狗对花花大叫。花花吓得趴在地上，一动也不敢动，"喵呜，喵呜"地喊着："妈妈快来啊，妈妈救命！"

这时，阿黄突然从后面跳了出来，挡在花花面前，冲大狗"喵，喵"地大叫。它全身的毛竖起来了，看上去就像是一头老虎，又像一头狮子！大狗本来只想吓唬吓唬花花，见阿黄这么凶猛地朝自己扑过来，吓得转身跑开了。

花花见大狗走了，一下子跳到阿黄怀里："妈妈，你怎么在这？""傻孩子，妈妈一直跟着你呢。"花花摇了摇尾巴，说："妈妈，原来你就是我的亲妈妈啊！"

古诗词里的颜色——黑色

黑色在古诗词里经常出现,常常用来形容快要下雨时的乌云。胎宝宝和准妈妈一起来看看这些提到了"黑色"的古诗词吧!

和张仆射塞下曲
唐·卢纶

月黑雁飞高,
单于夜遁逃。
欲将轻骑逐,
大雪满弓刀。

雁门太守行
唐·李贺

黑云压城城欲摧,甲光向日金鳞开。
角声满天秋色里,塞上燕脂凝夜紫。
半卷红旗临易水,霜重鼓寒声不起。
报君黄金台上意,提携玉龙为君死!

六月二十七日望湖楼醉书
宋·苏轼

黑云翻墨未遮山,白雨跳珠乱入船。
卷地风来忽吹散,望湖楼下水如天。

> 世界上最宽阔的是海洋,比海洋更宽阔的是天空,比天空更宽阔的是人的心灵。
> ——(法)雨果

教胎宝宝认识数字

准妈妈可以开始教胎宝宝认识数字啦!每次不要学太多,一次学习两个数字就可以了,在一周内反复学习这两个数字,强化胎宝宝的印象。记得要把数字视觉化,也就是结合实物来进行学习。

0像鸡蛋圆又圆,
1像铅笔细又长,
2像小鸭水中游,
3像耳朵听声音,
4像红旗随风飘,
5像秤钩去卖菜,
6像口哨吹得响,
7像镰刀割青草,
8像葫芦能做瓢,
9像匙子能吃饭。

胎教故事：司马光砸缸

左脑开发 丰富的语言刺激

遇事沉着冷静，要敢于突破常规，用创新思维来解决问题。司马光小小年纪勇于救人的精神，也是令人赞赏的。宝宝，如果有能力，我们也要多帮助弱者。

北宋时，有一个很聪明的小孩，他就是司马光。

有一天，司马光和小朋友在花园里玩，花园里有花有树还有假山，大家你追我赶，玩得很高兴。一个调皮的小男孩爬到了假山上玩，突然，一不小心掉进了假山边上的大水缸里。

水缸里满满的都是水，小男孩被吓到了，在水里挣扎着，大声喊："救命啊，救命啊，快救救我啊！"大家惊慌失措，一时都不知道该怎么办。

这时，司马光说："大家不要害怕，我们赶紧想办法，把他救上来。"司马光努力地思考着：我们都比水缸矮，没有力气把他捞上来，要是能把水缸里的水倒出来就好了，可是，我们怎么才能把水倒出来呢？

当他看到假山边上一块块的石头时，心想："我可以用石头把水缸砸破啊！"随即，他又想到了，"万一砸到小伙伴怎么办呢？"

于是，他跑过去捡了一块不大不小的石头，对大家喊道："大家不要着急，我有办法了。"

只见他举起石头朝水缸砸去，水缸破了个窟窿，水哗哗地流了出来，小男孩终于得救了。大家高兴得手舞足蹈，直夸司马光聪明又机智。

美学胎教:名画《金色的秋天》

右脑开发 绘画激发想象力

秋天,树叶枯黄,变成了金灿灿的颜色,映照着清澈的河水、湛蓝的天空,美丽极了。列维坦笔下的秋天是金色的,那么,准妈妈心中的秋天,是什么颜色的呢?

中文名	伊萨克·伊里奇·列维坦
外文名	Levitan Isaak Iliich
国籍	俄国
出生日期	1860 年 8 月 18 日
主要成就	现实主义风景画大师,巡回展览画派成员之一
代表作品	《弗拉基米尔卡》《傍晚钟声》

《金色的秋天》是俄国风景画家列维坦 1895 年创作的一幅具有现实主义风格的作品,是一幅秋天的颂歌。湛蓝的天空,仿佛活生生的会呼吸,天空飘浮着灰白色的云,阳光穿过云朵照耀在同样蓝得发亮的小溪上,田野正在由绿变黄,树叶已全部变成金黄色。

列维坦运用潇洒稳健的笔触和色块,高度概括地描绘了俄罗斯金黄色秋天的自然景象。画面的左侧和中间偏上部分是一片金黄色的树木,画面的远方也点缀着一簇簇金黄,大地被金色所覆盖。画面的中间,是一条清澈的小河,河水潺潺流动。画面的上方是一片暖色的云彩,飘在湛蓝的天空上,给人一种秋高气爽的感觉。

画面中,暖色占据了绝大部分,视觉效果明朗开阔、赏心悦目。秋天的白桦树在蓝天的衬托下,叶片发出金箔般的声音,田野间所有的植物,全都染上了一片金黄,小河的水倒映着秋高气爽的蓝天,它的色彩与黄色形成了强烈的对比,使金黄的色调更加动人,近处斑驳的肌理效果更加强了真实感。

孕6月

怀孕的第6个月（21~24周），准妈妈的下腹部隆起更为突出，越来越有"孕味"了。这时候的胎宝宝，身体看上去已经十分匀称，有着浓密的头发和眉毛。虽然皮肤还是皱巴巴的，可不要嫌弃他长得丑哦！过不了多长时间，他就会变成漂亮的胖娃娃了。

切忌暴饮暴食

这个阶段的准妈妈胃口相当好，这一点也不奇怪，毕竟现在是"两人份"嘛。但记得饮食要均衡，适量就好，不要暴饮暴食。

多吃红肉预防贫血

胎宝宝需要充足的铁质来制造血液中的红细胞，准妈妈要更加注重铁质的摄入。多食富含铁质的食物吧，牛、羊肉是不错的铁质来源。

垫高你的脚

孕中期准妈妈的腰部和背部容易感到疲劳，还经常会出现下半身浮肿。不妨试试在脚下放一个小凳子，将双脚踩在上面，人为地抬高你的双脚，浮肿会得到一定程度的缓解。

不要怕语调太夸张

到了第 6 个月，胎宝宝的听觉系统已经完全建立，不仅可以听到准妈妈和准爸爸的说话声，还能感受到准妈妈的胸腔振动哦！准妈妈说话时语调夸张一些也不要紧，胎宝宝很喜欢呢！

抚摸胎教

用触摸和声音与胎儿沟通，能安抚胎儿并舒缓母亲情绪。抚摸胎教应有规律性并注意力度，一旦胎儿踢蹬不安，立即停止，并轻轻抚摩。开始时每次 5 分钟，等做出反应后，每次 5~10 分钟。在按压拍打胎儿时动作一定要轻柔。

听听胎心吧

听胎心是最传统也是最简单实用的胎儿监护方法，胎心音很像钟表的嘀嗒声，胎心率一般在 120~160 次 / 分。准妈妈听着那强劲有力扑通扑通的心跳声，是不是瞬间母爱泛滥，内心充满着幸福？

"伟岸"的准爸爸

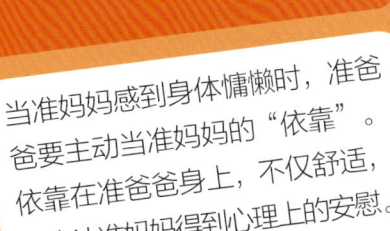

当准妈妈感到身体慵懒时，准爸爸要主动当准妈妈的"依靠"。依靠在准爸爸身上，不仅舒适，还会让准妈妈得到心理上的安慰。

按摩缓解疲劳

随着胎宝宝的逐渐成长，准妈妈的身体可能因为怀孕而出现各种疼痛，不堪重负。这些症状可以通过穴位按摩来得到一定程度的缓解。

右脑开发 提升专注力

头部按摩

按压太阳穴：两手中指放在太阳穴，轻轻按压。

按压百会穴：左右耳间连线与两眉之间中心垂直向上的直线在头顶的交叉点就是百会穴，用两手中指按压此穴。

肩部按摩

按摩肩部：涂上按摩油，螺旋式地从脖颈按摩至肩部。

按摩手臂：涂上按摩油，轻轻按摩从肩到手腕的肌肉，另一侧亦如此。

按摩腰部

准妈妈坐在椅子上或地板上，两手放在腰间，用大拇指按压后背两侧肌肉紧张的部位，腹部的紧张感会逐步得到缓解。

背部按摩

按压后背穴位：准妈妈侧卧，准爸爸沿着准妈妈脊背肩胛骨内侧的直线，用两手的食指、中指和无名指推按肌肉，直至肌肉放松。

腿部

腿肚抽筋：可用热水泡泡脚。注意热水要浸过脚踝，直至下半身感到暖和为止。

腿部水肿：可通过按压脚背的穴位得到缓解。用两手大拇指轻轻按压脚背骨之间的部位，另一只脚亦如此。

腿根部疼痛：大腿根部疼痛时，用手指按肌肉紧张的部位即可。

纸上风景盛宴之蜀南竹海

绿色是清新的颜色，总能给人神清气爽的感觉，是大自然馈赠的珍宝。孕期已经过半，准妈妈放空自己，来欣赏大自然给予的珍宝，享受"绿色盛宴"带来的清新体验吧！

右脑开发　激发视觉知觉

蜀南竹海位于四川省南部的宜宾市，由27条峻岭，500多座峰峦组成，景区内共有竹子400余种，7万余亩，楠竹枝叠根连，葱绿俊秀，浩瀚壮观。

欣赏竹海要从四川宜宾市的长宁县开始，进入西大门，满眼都是翠绿、葱郁的竹子，蜿蜒曲折，一直通向远方，仿佛与九天相接；周围有崇山峻岭、碧水湖泊，有飞流的瀑布、形态迥异的崖洞等，给人一种回归自然的感觉。沿着竹林向前，走到竹林密集地带，就走到了传说中的"忘忧谷"。在这里，你几乎看不到天空，幽静空旷的小峡谷内，只有清脆的鸟鸣和幽香的野花。闻着远离世俗的泥土气息，仿佛真的忘记了自我，沉醉在这人间仙境中。

春日，新笋遍地，生机盎然；盛夏，嫩竹泻翠，林荫蔽日，瀑飞泉涌，气候爽人；金秋，翠竹摇风，绿竹林中，红叶点点；隆冬，林寒涧肃，青枝白雪，相映成趣。

亲爱的宝宝，妈妈已经忍不住想要沐浴在绿色的海洋中了，等你出生了，我们一起去看看呀！

必看景点

仙寓洞、七彩飞瀑、龙吟寺、仙女湖、翡翠长廊

诱人的特色美食

竹燕窝：又名竹菌、竹花、竹菇，是一种很珍贵的菌类，口感润滑、清爽、鲜嫩，营养价值堪比燕窝，所以得名竹燕窝。

竹叶黄粑：由糯米加红糖蒸制而成，包在竹叶中，吃起来唇齿留香，甜而不腻。

胎教故事：小花猫照镜子

亲爱的胎宝宝，你的到来，让爸爸、妈妈的世界充满了快乐和幸福！爸爸和妈妈希望你像小花猫一样，常常依偎在我们身边。

左脑开发 丰富的语言刺激

小花猫像往常一样，准备去找小黑狗玩。它走着走着，忽然发现一个大大的圆盘斜靠在石头上，再走近一看，圆盘可真光滑呀，还亮闪闪的。

"咦？圆盘里有一只猫咪，我和它打个招呼吧！"小花猫看着圆盘，微笑着说，"你好。"

只见圆盘里的猫咪也微笑着动了动嘴巴，但是却没有发出声音。小花猫心想："糟了，那只猫咪一定是被困住了，我还是先去找小黑狗吧，然后一起想办法把它救出来。"

于是，小花猫便找来小黑狗，小黑狗盯着圆盘看了一会儿，吃惊地对小花猫说："我看了，这里面被困的明明是一条狗，不是猫咪啊？"

"不可能，我刚才还和它打招呼了，它就是一只猫咪，和我一样高。"小花猫一边说着，一边走近了圆盘。

这时，圆盘里不仅有一条狗，还出现了一只猫咪，就是小花猫之前见到的猫咪。小花猫和小黑狗都懵了："这是怎么回事呀？"每当它们做出一个新的动作，圆盘里的猫咪和狗就会做出一模一样的动作。

小花猫和小黑狗想了半天也没想明白，便把森林里最有智慧的大猩猩请了过来。大猩猩一见到圆盘，就笑着说："这圆盘是一面镜子，里面映出的猫咪和狗就是你们自己。"

"哦，原来是这样！"小花猫和小黑狗这下明白过来了，忍不住哈哈大笑。这面像圆盘一样的镜子很快就成了动物们的玩具，大家伙你照一会儿，我照一会儿，玩得可开心啦！

古诗词里的数字——六

在古诗词中,皇帝的后宫叫"六宫",回望历史诗人会说"六朝","六"是个很有趣的数字。孕期已经过半,在怀孕的第6个月,看看有哪些有"六"的古诗词吧!

长恨歌(节选)
唐·白居易

天生丽质难自弃,一朝选在君王侧。
回眸一笑百媚生,六宫粉黛无颜色。

台城
唐·韦庄

江雨霏霏江草齐,六朝如梦鸟空啼。
无情最是台城柳,依旧烟笼十里堤。

采桑子·九日
清·纳兰性德

深秋绝塞谁相忆,木叶萧萧。
乡路迢迢。六曲屏山和梦遥。
佳时倍惜风光别,不为登高。
只觉魂销。南雁归时更寂寥。

你热爱生命吗?那么别浪费时间,因为时间是组成生命的材料。
——(美)富兰克林

诗歌:黄鹂

徐志摩笔下可爱的《黄鹂》带给人们惊喜和期盼,它是那么美丽和讨人喜欢,相信胎宝宝也一样的活泼机灵。

一掠颜色飞上了树。
"看,一只黄鹂!"
有人说。翘着尾尖,
它不作声,
艳异照亮了浓密
——像是春光,
火焰,像是热情。

等候它唱,
我们静着望,怕惊了它。
但它一展翅,
冲破浓密,化一朵彩云;
它飞了,不见了,没了。
——像是春光,火焰,像是热情。

胎教故事：井底之蛙

枯井里的青蛙把自己看到的小天地当成大世界，有点可笑呀。宝宝，我们不能总是安于现状，局限于自己所处的环境里，要把眼光放得长远些，多积累一些经验。

左脑开发 丰富的语言刺激

　　从前，一口废井里住着一只青蛙。有一天，青蛙在井边碰上了一只从海里来的大海龟。青蛙就对海龟夸口说："你看，我住在这里多快乐！高兴了，就在井栏边跳跃一阵；疲倦了，就回到井里，在砖洞边睡一会儿。或者只露出头和嘴巴，安安静静地把全身泡在水里；或者在软绵绵的泥浆里散一会儿步，也很舒适。看看那些虾和蝌蚪，谁也比不上我。而且，我是这个井里的主人，在这井里特别自由自在，你为什么不到井里来参观一下呢！"那海龟听了青蛙的话，倒真想进去看看。

　　但海龟的左脚还没有整个伸进去，右脚就已经被绊住了。他连忙后退了两步，把大海的情形告诉了青蛙，说："你看过海吗？海的广大，何止千里；海的深度，何止千丈。很早以前，十年有九年大水，海里的水，并没有涨了多少；后来，八年里有七年大旱，海里的水，也不见得浅了多少。可见，大海是不受旱涝影响的。住在那样的大海里，才是真的快乐呢！"井里的青蛙听了海龟的这番话，吃惊地呆在那里……

双语胎教：小鸟在说些什么

叽叽喳喳，叽叽喳喳，小鸟们每天都很快乐，它们在一起有说不完的话，但它们到底在说些什么呢？准妈妈和胎宝宝一起猜猜吧！

左脑开发 双语启蒙

小鸟在说些什么呢，
在这黎明初晓的小巢中？
小鸟说，让我飞吧。
妈妈，让我飞走吧。
宝贝，请多留片刻，
待到你的小翅膀初长成。
小鸟又多留了一会儿，
然而它还是飞走了。

What does little birdie say,
In her nest at peep of day?
Let me fly, says little birdie,
Mother, let me fly away.
Birdie, rest a little longer,
Till the little wings are stronger.
So she rests a little longer,
Then she flies away.

散文欣赏：开始

亲爱的宝宝，等你出生，会说话了，可能会问："我是从哪儿来的？"宝宝呀，你是从我的心里长出来的，在我还是小女孩的时候。

"我是从哪儿来的，你，在哪儿把我捡起来的？"孩子问他的妈妈说。

她把孩子紧紧地搂在胸前，半哭半笑地答道——

"你曾被我当作心愿藏在我的心里，我的宝贝。

"你曾存在于我孩童时代玩的泥娃娃身上；每天早晨我用泥土塑造我的神像，那时我反复塑造的就是你。

"你曾和我们的家庭守护神一同受到祀奉，我崇拜家神时也就崇拜了你。

"你曾活在我所有的希望和爱情里，活在我的生命里，我母亲的生命里。

"在主宰着我们家庭的不死的精灵的膝上，你已经被抚育了好多代了。

"当我做女孩子的时候，我的心的花瓣儿张开，你就像一股花香似地散发出来。

"你的软软的温柔，在我的青春的肢体上开花了，像太阳出来之前的天空上的一片曙光。

"上天的第一宠儿，晨曦的孪生兄弟，你从世界的生命的溪流浮泛而下，终于停泊在我的心头。

"当我凝视你的脸蛋儿的时候，神秘之感淹没了我；你这属于一切人的，竟成了我的。

"为了怕失掉你，我把你紧紧地搂在胸前。是什么魔术把这世界的宝贝引到我这双纤小的手臂里来呢？"

——（印度）泰戈尔

美学胎教：名画《太白行吟图》

右脑开发 绘画激发想象力

梅花是中国画中最受欢迎的题材之一，它傲然霜雪的铁骨冰心，象征着人的高尚气节。亲爱的宝宝，妈妈希望你长大后，也能做一个像梅花一样高洁的人。

李白在政治上受到排挤，理想不能实现，常常饮酒赋诗，以发泄怀才不遇、愤世嫉俗的情绪，寄托渴求个人自由、摆脱社会羁绊的政治理想。在人们心中，尤其是在文人名士心中，李白是个性情豪放、傲岸不驯、才华横溢的人。

梁楷在《太白行吟图》中寥寥数笔就把"诗仙"那种飘逸的风度和神韵勾画得惟妙惟肖。作者不拘泥于琐碎细节，而是突出诗人的性格特征，描摹反映诗人的精神状态和思想情绪的瞬间动作，并对这些状态和动作加以概略的描绘，一个鲜明的李白就呈现于人们眼前了。

这幅《太白行吟图》是作者通过对李白的刻画，来抒发自己情感的杰作。作者梁楷和李白一样，也"嗜酒自乐"，行为狂放，不拘礼法，被世人称为"梁疯子"。他当时所生活的南宋偏安一隅，不单单是作者一个人，全天下宋人都为南宋政府这种妥协退让的政策而感到气愤，却又无能为力，作者只能借李白的形象来抒发胸臆，借笔墨绢素来发泄积郁。那个时期这类作品还有《庄周梦蝶》《雪景山水图》等。

此图虽逸笔草草，但言简意赅，以一当十，毫无雕琢造作之气。图中用笔总的特点是泼辣简括，但诗人身躯部分用笔粗放遒劲，头部用笔则轻盈流畅，体现出不同的速度感和力度感，既构成了线的节奏和韵律，又充分表现出不同的质感和空间感。

作者	梁楷
朝代	宋
出生日期	1150 年
主要成就	开创"简笔人物画法"
代表作品	《六祖截竹图》《泼墨仙人图》《布袋和尚图》《太白行吟图》

助产运动训练

准妈妈们都希望分娩时可以顺利一些,那么不妨做一些"助产运动"吧!准妈妈可以听着舒缓的音乐或者沉浸在美好的回忆之中,也可以想象着胎宝宝出生后可爱的小模样,更像爸爸还是更像妈妈呢?带着美好的心情来做助产小运动,效果会更好哦!

右脑开发 提升身体协调能力

增强臀腿肌肉力量的运动

准妈妈坐在地毯上,两条手臂自然地放在身体两侧,双手掌着地,面部朝前,两腿向前平伸;然后稍稍屈膝弓腿,脚跟着地,脚趾向上用力跷起,保持放松,小腿、脚踝、脚趾用力。心里从 1 默数到 10,先深吸气,再做呼气动作。

保持刚才的姿势,两腿向前平伸,脚跟着地,脚面向前,脚趾伸直。心里从 1 默数到 10,先深吸气,再做呼气动作,可以使整个腿部、脚部受力,然后让身体恢复原状。

增强骨盆肌肉力量的运动

侧躺在地毯上,上身抬起,右小臂着地并屈肘做支撑动作,右腿向内屈膝,左手臂自然地放在胸前,左腿抬起并向前伸直。心里从 1 默数到 10,先深吸气,再做呼气动作,身体恢复原状,增加大腿牵引力,使骨盆放松变得灵活。保持刚才的姿势,身体再转向相反方向侧卧,做同样的动作。

右侧卧,右手臂平放在地毯上并伸直,头枕在臂上,右腿向前屈膝弓起,左手臂自然地放在胸前,屈肘并手掌着地,左腿抬起伸直,保持腿部肌肉的张力和弹性,使骨盆得到活动。

端坐,左腿屈膝盘起,右腿向前伸直,右手臂自然地放在身体旁边,左手臂自然地放在右腿旁边,弯腰并上身向前倾,头低下。心里从 1 默数到 10,先深吸气,再做呼气动作,伸展脊柱,活动骨盆底肌肉和髋关节。保持刚才的姿势,两条腿交换位置,右腿屈膝盘起,左腿向前伸直,做同样的动作后,身体恢复原状。

这些都是难度系数很低的放松运动,准妈妈从孕中期就可以开始练习了哦!

营养胎教：茄汁虎皮鹌鹑蛋

俗话说"要吃飞禽，鸽子、鹌鹑。"鹌鹑蛋不仅味道鲜美，还能强身健脑，有"卵中佳品"之称。准妈妈学着做这道茄汁虎皮鹌鹑蛋吧，酸酸甜甜，越吃越香！

左脑开发 激发味觉、嗅觉

食材

鹌鹑蛋200克，西红柿1个，番茄酱、蒜、葱花、白芝麻、盐、油各适量。

制作方法

鹌鹑蛋洗净下锅煮熟，捞出浸泡在冷水中，冷却剥皮。

西红柿顶端划十字，倒入开水烫掉皮，切碎备用。

将剥好皮的鹌鹑蛋放入热油中煎至出虎皮，全部煎好后捞出控油。

热锅下油，将蒜泥炒出香味，然后倒入西红柿碎翻炒均匀。

加入鹌鹑蛋和适量的番茄酱、盐，煮至收汁。

装盘后，撒上葱花、白芝麻装饰。

胎教故事：孔融让梨

懂得谦让、礼貌和尊重他人是我们的传统美德，至今也是爸爸妈妈做人的准则，希望宝宝也继承这一好品质。

左脑开发　丰富的语言刺激

从前有个名叫孔融的孩子，十分聪明懂事。孔融有五个哥哥，一个弟弟，兄弟七人相处得十分融洽。

有一天，孔融的母亲买来许多梨，哥哥们让孔融和最小的弟弟先拿。孔融看了看盘子中的梨，发现梨有大有小。他不挑好的，不拣大的，只拿了一只最小的梨，津津有味地吃了起来。

父亲看见孔融的行为，十分高兴，心想：别看这孩子还小，却懂得应该把好的东西留给别人的道理呢。于是，他故意问孔融："盘子里这么多的梨，又让你先拿，你为什么不拿大的，只拿一个最小的呢？"孔融回答说："我年纪小，应该拿个最小的，大的应该留给哥哥吃。"

父亲接着问道："弟弟不是比你还小吗？照你这么说，他应该拿最小的一个才对呀？"

孔融说："我比弟弟大，我是哥哥，我应该把大的留给小弟弟吃。"

父亲听他这么说，大笑着说："你真是一个好孩子！"

古诗词里的颜色——蓝色

亲爱的宝宝,蓝色是个清新淡雅的颜色,妈妈非常喜欢蓝色。和妈妈一起看看,古诗词里有哪些提到了"蓝色"的诗句吧!

渔家傲 · 平岸小桥千嶂抱
宋 · 王安石

平岸小桥千嶂抱。柔蓝一水萦花草。茅屋数间窗窈窕。尘不到。
时时自有春风扫。
午枕觉来闻语鸟。欹眠似听朝鸡早。忽忆故人今总老。贪梦好。
茫然忘了邯郸道。

忆江南 · 江南好
唐 · 白居易

江南好,风景旧曾谙。
日出江花红胜火,春来江水绿如蓝。
能不忆江南?

> 夫君子之行,静以修身,俭以养德,非淡泊无以明志,非宁静无以致远。
> ——(汉)诸葛亮

儿歌:小小少年

无忧无虑的童年总是令人羡慕的,随着年龄的增长,烦恼也会逐渐增多。但爸爸妈妈会用全部的爱守护宝宝,让宝宝一生平安喜乐、无忧无虑。

小小少年,很少烦恼,
眼望四周阳光照。
小小少年,很少烦恼,
但愿永远这样好。
一年一年时间飞跑,
小小少年在长高。

随着年岁由小变大,
他的烦恼增加了。

小小少年,很少烦恼,
无忧无虑乐陶陶。
但有一天,风波突起,

忧虑烦恼都到了。
一年一年时间飞跑,
小小少年在长高。
随着年岁由小变大,
他的烦恼增加了。

成语故事：一诺千金

"一诺千金"是指许下的一个诺言有千金的价值，比喻说话算话，言而有信，出自《史记·季布栾布列传》。准妈妈给胎宝宝讲一讲季布一诺千金的故事吧，让胎宝宝长大后，也成为一个言出必行的人。

秦朝末年，在楚地有一个叫季布的人，性情耿直，为人侠义好助。只要是他答应过的事情，无论有多大困难，都设法办到，受到大家的赞扬。

楚汉相争时，季布是项羽的部下，曾几次献策，使刘邦的军队吃了败仗。刘邦当了皇帝后，每每想起这事，就气恨不已，下令通缉季布。

这时敬慕季布为人的人，都在暗中帮助他。不久，季布经过化装后到山东一家姓朱的人家当佣工。朱家明知他是季布，仍收留了他，后来，朱家又到洛阳去找刘邦的老朋友汝阴候夏侯婴说情。刘邦在夏侯婴的劝说下撤销了对季布的通缉令，还封季布做了郎中，不久又改做河东太守。

有一个季布的同乡人曹邱生，专爱结交有权势的官员，借以炫耀和抬高自己。季布一向看不起他。他听说季布做了大官，就马上去见季布。

季布听说曹邱生要来，就虎着脸，准备发落几句话，让他下不了台。谁知曹邱生一进厅堂，不管季布的脸色多么阴沉，话语多么难听，立即对着季布又是打躬，又是作揖，要与季布拉家常叙旧，并吹捧说："我听到楚地到处流传着'得黄金千两，不如得季布一诺'这样的话，您怎么能有这样好的名声传扬在梁、楚两地呢？我们既是同乡，我又到处宣扬你的好名声，你为什么不愿见到我呢？"季布听了曹邱生的这番话，心里顿时高兴起来，留下他住了几个月，作为贵客招待。临走，还送给他一笔厚礼。

后来，曹邱生又继续替季布到处宣扬，季布的名声也就越来越大了。

音乐胎教：名曲《D大调卡农》

右脑开发　激发音乐灵感

《D大调卡农》是广告配乐中的常客，是一首脍炙人口的音乐小品。曲调婉转却并不悲痛，就像雨后一尘不染的天空，湛蓝、悠远、纯净。准妈妈和胎宝宝一起来欣赏这首脍炙人口的钢琴曲吧！

中文名	约翰·帕赫贝尔
外文名	Johann Pachelbel
国籍	德国
出生日期	1653年9月1日
代表作品	《D大调卡农》

《D大调卡农》凭借它张弛有度的节奏、美妙动听的旋律与精密理性的和声结构被视为人类文明成就的代表之一，它被载上美国国家航空航天局的旅行者（Voyager）无人飞船，响彻太空。

D大调卡农作于1680年前后，是巴洛克时期的室内乐作品，采用数字低音手法，供三个小提琴演奏。它曾被改编为多个不同版本，供不同乐器组合演奏。

"卡农"并非曲名，而是一种曲式，许多人误以为这个曲子便为"卡农"，"卡农"字面上是"轮唱"的意思，数个声部的旋律依次出现，交叉进行，互相模仿，互相追随，十四世纪便有出现这种形式的乐曲。

这首曲子用了回旋曲曲式，有无穷动音乐的元素在里面。而这个音乐之所以在所有卡农里面特别有名，因为它带着一丝甜蜜宁静的忧伤。

有人说，它是全世界最好听的钢琴曲，值得用一生去品味的经典。

有人说，它能让人感受到一种穿透脊骨的颤抖，直达灵魂。

无论是处在什么样的心情下，当卡农这首旋律在耳边回响时，它带给我们都是无限的平静和向往。

就让准妈妈和胎宝宝跟随着时光回到三百多年前，静心聆听这首优雅的旋律，来细细品味它的旋律吧！

孕7月

在怀孕的第7个月（25~28周），胎宝宝的皮肤皱纹开始逐渐减少，变得越来越漂亮了！胎宝宝的脸部轮廓已经清晰可见，头发也长出来了，全身由细密的胎毛覆盖着。此时的胎宝宝，已经能睁开眼睛了，大脑也在马不停蹄地发育，脑组织开始出现皱缩，大脑皮层已经很发达了！

★ 牛奶补充蛋白质

孕中期的最后阶段，胎宝宝在迅猛发育着，这期间的胎宝宝需要大量的蛋白质。牛奶是很好的蛋白质来源，在补充蛋白质的同时，还能为准妈妈补充钙质。

★ 适量吃粗粮预防便秘

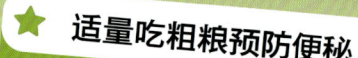

在孕期，很多准妈妈都会出现便秘的现象。可以在加餐时选择全麦面包、麦麸饼干、红薯等粗粮，补充膳食纤维，促进肠胃蠕动，对缓解便秘会很有帮助。

★ 涂抹橄榄油预防妊娠纹

随着子宫的增大，准妈妈的腹部皮肤也被拉扯得很紧。肚子上、乳房上可能会出现一些暗红色的妊娠纹。准妈妈可以继续涂抹橄榄油或成分安全的润肤露，让妊娠纹不再继续加深。

声音胎教

胎宝宝7个月时,对外界声音已经很敏感了,并且已经具有记忆能力和学习能力。和胎宝宝多多交流吧,告诉他你今天遇到的事情,他也会很感兴趣哦!

摸摸这个调皮的小家伙

胎宝宝感到无聊想要陪伴的时候,就会用力踢准妈妈的肚子。当准妈妈感觉到被"踢"时,不妨轻轻抚摸肚皮,温柔地问:"怎么啦,宝贝,是不是不开心了?"或许胎宝宝一开始不理解你的意思,但渐渐地,他就会感觉到妈妈的疼爱。

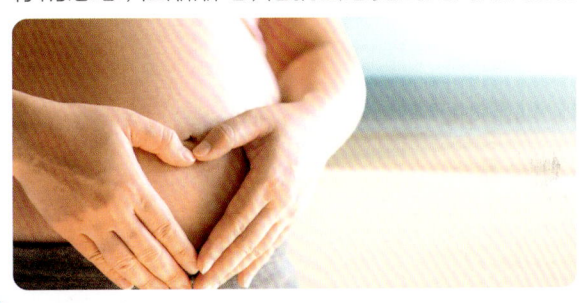

深呼吸放松心情

即将到来的孕晚期和对分娩的恐惧可能会影响到准妈妈的心情,试着深呼吸吧!用鼻腔深深地吸一口气,感觉新鲜空气在体内游荡徘徊,再用口腔吐出。

"话痨"准爸爸

准爸爸要多跟胎宝宝说话,让准妈妈仰卧或端坐在椅子上,准爸爸把头俯向准妈妈的腹部,嘴巴离腹壁3~5厘米,用温和的语调,跟宝宝说一些希望、祝福、关心的话语,每次讲话5~10分钟就可以了。

百科知识：动物为什么要冬眠

准妈妈变得圆滚滚的身体里有个可爱的胎宝宝，妈妈变得胖胖的，是为生宝宝做准备。有些小动物在冬季来临之前也把自己吃得胖胖的，那是因为它们在为冬眠做准备。

左脑开发 培养分析能力

动物冬眠的方式是多种多样的

冬眠是变温动物避开食物匮乏的寒冷冬天的一个法宝，冬眠的动物活动量大幅减少，呼吸、体温、新陈代谢、心率也都减缓放慢或下降。在寒冷的冬季，生存环境变得更加恶劣，猎物变得很少，甚至连可食用的青草都很难发现。因此，许多动物在夏秋季节拼命地添膘，目的就是为了存储能量，它们身体里储存的能量足够维持到下一个春天来临。

蛇是集体冬眠的，它们互相搂抱在一起冬眠，春天再醒来时可以取暖，提高温度。如果单独过冬会冻死的，它和青蛙一样也是变温动物，聚在一起可以提高生存率。

熊冬眠是因为冬天不容易找到食物，到了秋天它们就大吃特吃，使自己长胖，冬天就靠身体里储存的脂肪来提供能量。

蝙蝠也是冬眠的。它在山洞里用后足的尖爪攀住石缝，头朝下悬在空中，一"吊"就是半年。

刺猬冬眠时，蜷缩一团，远看好像一个大绒球。它在巢穴中冬眠时，体温下降到9℃。冬眠中的刺猬会偶尔醒来，但不吃东西，很快又入睡了。

营养胎教：双花拌胡萝卜

左脑开发 激发味觉、嗅觉

随着胎宝宝的长大，水肿成了困扰准妈妈的一大难题。如果想要消除身上的水肿症状，那么就应给身体补充维生素C、维生素E、铁和钼等。维生素C有利于毛细血管的健康，有助减轻水肿症状；维生素E则可以促进身体的新陈代谢，在菜花、西蓝花中都含有这些营养元素。

食材

菜花、西蓝花、胡萝卜各 100 克，橄榄油、盐各适量。

制作步骤

把菜花、西蓝花掰成适当大小的块，洗净；胡萝卜去皮，切成片。

锅中放水，烧热后，放少许盐，把胡萝卜、菜花、西蓝花一起倒入锅中，焯烫 2 分钟。

捞出后，控干水分，放入盘中，淋入橄榄油、盐，搅拌均匀即可。

营养胎教：芭乐苹果汁

左脑开发 激发味觉、嗅觉

有些准妈妈不喜欢芹菜的味道，不如来做一杯芭乐苹果汁。苹果富含水溶性膳食纤维，能够起到促进肠胃蠕动，帮助食物消化的作用，能够帮助准妈妈将体内多余的盐分排出。芭乐苹果汁清爽解腻消水肿，味道也很可口。

食材

苹果 1 个，芭乐 1 个，蜂蜜、凉开水各适量。

制作步骤

苹果、芭乐削皮，切成小块。

将苹果和芭乐放入料理机，加一勺蜂蜜和适量凉开水，搅拌成汁。

如果担心氧化，可以在果汁中加入几滴柠檬汁，能够有效防止苹果汁氧化变黑。

纸上风景盛宴之呼伦贝尔大草原

一望无际的呼伦贝尔大草原美极了！这里有广袤无垠、空旷幽深的静态美，也有牛羊成群、悠然自得的动态美，还有绿草如茵、牧人策马的和谐美。看着宽阔的草原，准妈妈的心情是不是也跟着放松了下来？

右脑开发　激发视觉知觉

呼伦贝尔大草原位于内蒙古自治区，是水草丰美的牧场，有"最纯净草原"的美誉。来到这里，你会被它的美丽、广阔、富饶及动人的故事传说吸引，每天与牛羊为伴，听听鸟语，嗅嗅花香，偶尔看微风将草原吹起连绵不断的波浪，感受"风吹草低见牛羊"的景象，仿佛置身一片绿色的净土，让准妈妈瞬间忘却烦恼。

必看景点

白桦林、呼伦湖、莫尔格勒河、铁木真大汗行营、黑山头落日

动人的爱情故事

很久很久以前，草原上风妖和沙魔横行，地上寸草不生，滴水如金，牧畜濒于绝迹。草原上一个勇敢的蒙古族部落里有一对情侣，女孩能歌善舞，才貌双全，叫呼伦；男孩力大无比，能骑善射，叫贝尔。他们为了拯救草原，与草原上的妖魔奋勇搏杀，他们降风妖、除沙魔、施甘露、布生灵，把草原打扮得格外美丽。草原人民为感谢和纪念他们，就把自己的家乡取名为呼伦贝尔。

独特的民俗风情

祭敖包：祭敖包是蒙古族盛大的祭祀活动之一。敖包通常设在高山或丘陵上，用石头堆成一座圆锥形的实心塔，顶端插着一根长杆，杆头上系着牲畜毛角和经文布条。

敕勒歌
乐府诗集

敕勒川，阴山下。天似穹庐，笼盖四野。
天苍苍，野茫茫，风吹草低见牛羊。

古诗词里的数字——七

七弦、七夕、北斗七星……"七"在古诗词中意象繁多。怀孕的第7个月,准妈妈来给胎宝宝读一读这些有"七"的古诗吧,每一首都别有风味呢!

听弹琴
唐·刘长卿

泠泠七弦上,静听松风寒。
古调虽自爱,今人多不弹。

哥舒歌
唐·西鄙人

北斗七星高,哥舒夜带刀。
至今窥牧马,不敢过临洮。

乞巧
唐·林杰

七夕今宵看碧霄,牵牛织女渡河桥。
家家乞巧望秋月,穿尽红丝几万条。

> 完成工作的方法,是爱惜每一分钟。
> ——(英)达尔文

儿歌:娃哈哈

在祖国的大花园里,温暖的阳光普照大地,我们唱歌,我们跳舞,可爱的娃娃乐哈哈!

我们的祖国是花园,
花园里花朵真鲜艳,
和暖的阳光照耀着我们,
每个人脸上都笑开颜。

娃哈哈,娃哈哈,
每个人脸上都笑开颜。
大姐姐,你呀快快来,
小弟弟,你也莫躲开,

手拉着手儿唱起那歌儿,
我们的生活多愉快。
娃哈哈,娃哈哈,
我们的生活多愉快。

《论语》中的人生哲理

《论语》是记录孔子及其弟子言行而编成的语录集,以先贤的语录为主,在伦理思想、道德观念及教育原则方面,都非常有教育意义。

左脑开发 开发分析理解能力

准妈妈也给胎宝宝讲讲《论语》吧,讲讲做人的道理、学习的方法,让胎宝宝长大后成为一个乐于助人、敏而好学的"君子"。

【原文】曾子曰:"吾日三省吾身:为人谋而不忠乎,与朋友交而不信乎,传不习乎。"
【释义】曾子说:"我每天反省自己很多次:帮别人办事是不是尽心竭力,跟朋友交往是不是诚信,老师传授的学识是不是复习过。"
【原文】子曰:"见贤思齐焉,见不贤而内自省也。"
【释义】孔子说:"见到贤明的人,要想着向他看齐,见到不贤明的人就要反省自己有没有跟他相似的缺点。"
【原文】子贡问君子。子曰:"先行其言而后从之。"
【释义】子贡向孔子请教君子之道。孔子说:"先去做自己想要做的事,等到真的做到了再把它说出来。"
【原文】子曰:"君子成人之美,不成人之恶。小人反是。"
【释义】孔子说:"君子通常成全他人的好事,不帮助别人做坏事。而小人却与之相反。"
【原文】子曰:"学而时习之,不亦说乎?有朋自远方来,不亦乐乎?人不知而不愠,不亦君子乎?"
【释义】孔子说:"学习了,又按时复习,不是很高兴吗!有朋友从远方来,不是很快乐吗!别人不了解我,我并不埋怨,不就是君子吗!"

有趣的对联

对联是中国的传统文化之一，对仗工整、平仄协调，是一字一音的中华语言独特的艺术形式，也是中国传统文化的瑰宝。下面的几副对联都十分有趣，准妈妈快和胎宝宝一起来看看这些有趣的对联吧！

左脑开发 激发逻辑思维能力

客上天然居，居然天上客；
人过大佛寺，寺佛大过人。

据说乾隆皇帝当年在一家名为"天然居"的酒楼想出上联："客上天然居，居然天上客"。当时纪晓岚陪同，随对句："人过大佛寺，寺佛大过人"。

水车车水，水随车，车停水止；
风扇扇风，风出扇，扇动风生。

唐伯虎和祝枝山到乡村，看到农夫车水。祝枝山出上联曰："水车车水，水随车，车停水止"。唐伯虎对道："风扇扇风，风出扇，扇动风生"。祝唐巧妙之对，传诵一时。

十口心思，思妻思子思父母；
言身寸谢，谢天谢地谢君王。

这是一首拆字对联。解缙在皇帝身边侍读，想回乡探亲又不好开口说，皇帝看了出来，承诺他对出所出上联就准许他回家。上联是："十口心思，思妻思子思父母"。只见解缙悠悠对来："言身寸谢，谢天谢地谢君王"。

天上月圆，人间月半，月月月圆逢月半；
今夜年尾，明朝年头，年年年尾接年头。

这副对联出自明末清初著名文学家金圣叹之手。一年中秋赏月，他偶得一上联："天上月圆，人间月半，月月月圆逢月半"，却苦思不得下联。直至大年三十除夕夜守岁时，他的妻子慨叹曰："今夜是最后一天，明日又是一年的开头了"。金圣叹一听，一阵狂喜，连说"有了，有了！"随即兴奋地对出了下联："今夜年尾，明朝年头，年年年尾接年头"。

诗歌：睡乡

右脑开发 促进联想创造力发展

熟睡的孩子微微笑着，微风拂过他的面庞，真是世界上最美的风景。亲爱的宝宝，我们来一起读这首泰戈尔的《睡乡》吧，妈妈不禁在幻想，你睡梦中的样子，该有多么的可爱啊！

孩子们已经睡熟，
游戏全丢在脑后。
轻柔的晚风透过窗棂，
把舒适抹在大家的眼睑。
大家是做着游戏一个个躺倒的，
脚边玩具四散。
大家东倒西歪，神明的慈爱
像影子盖在大家身上。
风儿一次又一次吹起的细浓发丝
拂弄大家的面庞。
星辉微笑着凌空降落，
一再轻吻
大家微启的嘴唇。
晶亮的繁星通宵清醒地俯瞰，

交头接耳，
窃窃商议，
在罗裙兜里用光影编织
流溢着甜笑的美梦，
送入孩子们的心灵。
第二天旭日催开田野里
五颜六色的鲜花，
孩子们从梦中睁开眼睛，
已消除疲乏。
艳红的朝暾唤醒了大家，
大家玩得更快乐。
花一般的儿童沐浴在阳光中，
晨鸟啾啾地欢歌。

音乐胎教：名曲《糖果仙子之舞》

右脑开发 激发音乐灵感和想象力

缤纷的糖果、神奇的仙子，光听名字，准妈妈的少女心就已经有些激荡了吧！心情不好的时候，看看芭蕾舞剧或是动漫，听听舞曲或者儿歌，可以让准妈妈烦恼尽数消除。和胎宝宝一起欣赏这首糖果仙子之舞吧！

中文名	彼得·伊里奇·柴可夫斯基
外文名	Pyotr Ilyich Tchaikovsky
国籍	俄罗斯
出生日期	1840年5月7日
主要成就	古典音乐浪漫主义时期的重要人物，19世纪世界最重要的音乐家之一
代表作品	《悲怆交响曲》、四部协奏曲、芭蕾舞《天鹅湖》及《胡桃夹子》

《糖果仙子之舞》是芭蕾舞剧《胡桃夹子》里的片段，是芭蕾舞剧中的经典场景。

在圣诞节前夕，小女孩玛丽得到了一个胡桃夹子。夜晚，她梦到自己的胡桃夹子正在和老鼠军队大战，正当老鼠军队快要获得胜利的时候，玛丽举起自己的拖鞋向老鼠扔过去，因而打败了老鼠军队。这时候，胡桃夹子也变成了一位英俊的王子。王子为了答谢玛丽的救命之恩，就带着她来到由各种糖果做成的"糖果仙国"宫殿中，享用各种美味可口的糖果。而"糖果仙子之舞"，正是糖果仙子们欢迎玛丽所跳的舞蹈。

在《糖果仙子之舞》中，柴可夫斯基首次使用钢琴演奏，营造出了独一无二的梦幻色彩，乐曲轻快、活泼、灵动，正如糖果般甜蜜动人，又有玻璃一样的透明质感。

《糖果仙子之舞》是一首具有梦幻、奇妙色彩的乐曲，乐曲不长，ABA段式。主旋律是钢琴清脆的声音，节奏感很强，好像小木偶一动一动的样子；在B段有明显的强音出现，音乐变得急促、紧张；在B段最后一句则是一连串快速的类似风铃般的声音，好像一位仙子出场，接着又反复A段。

这首乐曲充满了单纯而神秘的童话色彩，非常适合胎宝宝听。准妈妈要仔细聆听，认真感受，闭上眼睛畅想一下仙子们跳着美丽的舞蹈，想象着胎宝宝的样子，将这份甜蜜与美好，与胎宝宝一起分享！

散文欣赏：春（节选）

朱自清笔下的春，生机勃勃，令人神往。亲爱的宝宝，等到了春天，爸爸、妈妈带你去郊外踏青，去野外放风筝，那该是多么美好的日子啊！

左右脑开发 丰富的语言激发想象力

盼望着，盼望着，东风来了，春天的脚步近了。

一切都像刚睡醒的样子，欣欣然张开了眼。山朗润起来了，水涨起来了，太阳的脸红起来了。

小草偷偷地从土里钻出来，嫩嫩的，绿绿的。园子里，田野里，瞧去，一大片一大片满是的。坐着，躺着，打两个滚，踢几脚球，赛几趟跑，捉几回迷藏。风轻悄悄的，草软绵绵的。

桃树、杏树、梨树，你不让我，我不让你，都开满了花赶趟儿。红的像火，粉的像霞，白的像雪。花里带着甜味儿，闭了眼，树上仿佛已经满是桃儿、杏儿、梨儿。花下成千成百的蜜蜂嗡嗡地闹着，大小的蝴蝶飞来飞去。野花遍地是：杂样儿，有名字的，没名字的，散在草丛里，像眼睛，像星星，还眨呀眨的。

"吹面不寒杨柳风"，不错的，像母亲的手抚摸着你。风里带来些新翻的泥土的气息，混着青草味儿，还有各种花的香，都在微微润湿的空气里酝酿。鸟儿将窠巢安在繁花嫩叶当中，高兴起来了，呼朋引伴地卖弄清脆的喉咙，唱出宛转的曲子，与轻风流水应和着。牛背上牧童的短笛，这时候也成天嘹亮地响。

雨是最寻常的，一下就是三两天。可别恼。看，像牛毛，像花针，像细丝，密密地斜织着，人家屋顶上全笼着一层薄烟。树叶儿却绿得发亮，小草儿也青得逼你的眼。傍晚时候，上灯了，一点点黄晕的光，烘托出一片安静而和平的夜。在乡下，小路上，石桥边，有撑起伞慢慢走着的人，地里还有工作的农民，披着蓑，戴着笠的。他们的草屋，稀稀疏疏的在雨里静默着。

古诗词里的动物——羊

在古诗词里,"羊"和"牛"经常结伴出现,常用来象征田园生活。孕晚期就要到了,准妈妈再来欣赏一下,古人田园生活的静谧吧。

渭川田家

唐·王维

斜阳照墟落,穷巷牛羊归。
野老念牧童,倚杖候荆扉。
雉雊麦苗秀,蚕眠桑叶稀。
田夫荷锄至,相见语依依。
即此羡闲逸,怅然吟式微。

日暮

唐·杜甫

牛羊下来久,各已闭柴门。
风月自清夜,江山非故园。
石泉流暗壁,草露滴秋根。
头白灯明里,何须花烬繁。

> 学然后知不足,教然后知困。知不足,然后能自反也;知困,然后能自强也。
> ——《礼记·学记》

儿歌:小蜜蜂

小蜜蜂勤劳勇敢,胎宝宝要向小蜜蜂学习,不要当个"懒惰虫"哦!

嗡嗡嗡,嗡嗡嗡,
大家一起去做工。
来匆匆,去匆匆,
做工趣味浓。
天暖花好不做工,
将来哪里好过冬。

嗡嗡嗡,嗡嗡嗡,
别学懒惰虫。
嗡嗡嗡,嗡嗡嗡,
大家一起去做工。
来匆匆,去匆匆,
做工趣味浓。

天暖花好不做工,
将来哪里好过冬。
嗡嗡嗡,嗡嗡嗡,
别学懒惰虫。

古文欣赏：木兰辞

花木兰女扮男装代父从军，征战沙场十余载，凯旋后却拒不受封辞官还家，充满了传奇色彩。这首《木兰辞》就是一首赞颂女英雄的叙事诗，虽然是古文却朗朗上口，读起来十分有节奏感。准妈妈可以读给胎宝宝听哦！

左脑开发　丰富的语言刺激

唧唧复唧唧，木兰当户织。不闻机杼声，唯闻女叹息。
问女何所思，问女何所忆。女亦无所思，女亦无所忆。
昨夜见军帖，可汗（kè hán）大点兵，军书十二卷，卷卷有爷名。
阿爷无大儿，木兰无长兄，愿为市鞍马，从此替爷征。
东市买骏马，西市买鞍鞯（ān jiān），南市买辔（pèi）头，北市买长鞭。
旦辞爷娘去，暮宿黄河边，不闻爷娘唤女声，但闻黄河流水鸣溅溅（jiān jiān）。
旦辞黄河去，暮至黑山头，不闻爷娘唤女声，但闻燕山胡骑鸣啾啾。
万里赴戎机，关山度若飞。朔气传金柝（tuò），寒光照铁衣。
将军百战死，壮士十年归。
归来见天子，天子坐明堂。策勋十二转，赏赐百千强。
可汗问所欲，木兰不用尚书郎，愿驰千里足，送儿还故乡。
爷娘闻女来，出郭相扶将；阿姊闻妹来，当户理红妆；
小弟闻姊来，磨刀霍霍向猪羊。
开我东阁门，坐我西阁床，脱我战时袍，著我旧时裳。
当窗理云鬓，对镜帖花黄。出门看火伴，火伴皆惊忙：同行十二年，不知木兰是女郎。
雄兔脚扑朔，雌兔眼迷离；双兔傍地走，安能辨我是雄雌？

做一道推理题吧

这是一道简单但容易弄错的经典逻辑题：华生任务选择（Wason selection task）。聪明的准妈妈，快来发动你智慧的大脑，看看这道题，你能不能答对吧！

左脑开发 激发逻辑思维能力

有 4 张卡片，卡片的一面是字母，另一面是数字，你看不到卡片的背面，现在可见的一面中为"U""N""4""9"。

有一个规则是：如果一张牌的一面是元音，那它的背面就一定是奇数。那么，你必须要翻开哪两张牌才能验证这条规则的真假？

——答案分割线——

如果你翻开的	发现一个	那么
印有 U 的卡片	奇数 偶数	规则仍然正确 规则是错误的
印有 N 的卡片	奇数 偶数	与规则无关 与规则无关
印有 4 的卡片	辅音 元音	与规则无关 规则是错误的
印有 9 的卡片	辅音 元音	与规则无关 与规则无关

把所有情形列出来后，答案就显而易见了。应该翻开的是印有"U"和"4"的卡片。

你答对了吗？

这个问题由认知心理学者彼得·凯斯卡物·沃森（Peter Cathcart Wason）于 1966 年提出。值得一提的是，当时的测试结果中，只有不到 10% 的人答对。如果准妈妈答对了，那么恭喜你，你已经超越了 90% 的人！

儿歌：雪绒花

左脑开发　双语启蒙

雪绒花随风飞散，却给人们带来了祝福。妈妈腹中的"小怪兽"就如同善良的雪绒花，给全家带来了幸福和快乐。

雪绒花，雪绒花	Edelweiss, edelweiss
清晨迎接我开放	Every morning you greet me
小而白	Small and white
洁而亮	Clean and bright
向我快乐地摇晃	You look happy to meet me
白雪般的花儿	Blossom of snow
愿你芬芳	May you bloom and grow
永远开花生长	Bloom and grow forever
雪绒花，雪绒花	Edelweiss, edelweiss
永远祝福我家乡	Bless my homeland forever

诗歌：烦忧

右脑开发　激发创造力

这是一篇关于忧愁的诗，却并非愁肠百结，其中欲说还休的滋味显得意味深长，准妈妈不妨用心体会一下，能否理解作者的忧愁？

说是寂寞的秋的清愁，
说是辽远的海的相思。
假如有人问我的烦忧，
我不敢说出你的名字。
我不敢说出你的名字，
假如有人问我的烦忧。
说是辽远的海的相思，
说是寂寞的秋的清愁。

——戴望舒

美学胎教:名画《蒙特枫丹的回忆》

右脑开发 绘画激发想象力

蒙特枫丹是巴黎北部的一个小镇,景色十分美丽,是柯罗早年经常去散步和写生的地方。亲爱的宝宝,等你出生之后,爸爸、妈妈带你去美丽的巴黎,看香榭丽舍大道,看卢浮宫,看埃菲尔铁塔。

中文名	让·柯罗
外文名	Jean Baptiste Camille Corot
国籍	法国
出生日期	1796年7月16日
主要成就	写实主义风景画和肖像画家
代表作品	《兰衣女》《纳尔尼河上的桥》《罗马的农村》

画面在一个清晨的湖边展开。

薄雾正在渐渐隐去,天地万物好像刚刚从睡梦中醒来,远处的湖面在薄雾中显得朦朦胧胧的。小山和小山在水中的倒影隐隐约约地掩映在湖水深处,缥缈、美丽,就如同我们常说的蓬莱仙境一样。

一个身穿红色裙子的年轻妈妈正站在小树下伸手采摘树上的花朵,她的两个孩子站在树下,一个伸手指着小树上的花,好像急于得到花朵一样,又仿佛在告诉妈妈要采摘哪朵更好;她另外一个戴着红帽子的孩子正蹲在地上采摘树根的野花,十分专注的样子。整个画面清新、自然、典雅,洋溢着一种浓浓的抒情意味,让人禁不住浮想联翩,如痴如醉。

第三章
孕晚期

　　进入孕晚期的准妈妈，很快就要见到自己的宝宝了！

　　在孕晚期的 3 个月时间里，胎宝宝的体重有了大的飞跃，已经成为准妈妈身体的"负担"了呢！随着胎宝宝的发育，准妈妈的腹部越来越大，可能会出现不同程度的腰痛、腿根痛等问题。

　　准妈妈的辛苦换来的是胎宝宝的茁壮成长，真的很伟大！

　　同时，这是孕期最后的胎教时光，除了每天都要做的欣赏名画、听音乐、讲故事，还要给胎宝宝讲一些做人、做事的道理，这样，胎宝宝出生后才会更加知书达礼、善解人意！

孕8月

这个月（29~32周）的胎宝宝，体重已经长到2000克左右了。胎宝宝的皮下脂肪在逐渐增多。不要小看这些皮下脂肪，它们将在胎宝宝出生后起到调节体温的作用，功能大着呢！胎宝宝的身体和四肢还在继续发育，最终要长得与头部比例相称才算大功告成！

主食粗粮摄入不可少

怀孕的第8个月，胎宝宝开始在肝脏和皮下储存糖原和脂肪，如果此时准妈妈摄入的碳水不足，将造成蛋白质缺乏或酮症酸中毒。准妈妈要保证每天的主食摄入，另外还要在米、面等主食之外，增加一些粗粮。

乙酰胆碱强身健脑

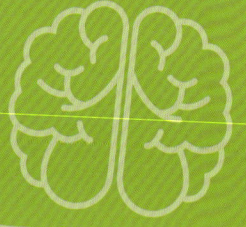

鸡蛋对于准妈妈来说是很好的营养来源，它含有丰富的维生素、矿物质和蛋白质，同时富含乙酰胆碱，对胎宝宝的神经系统和身体发育有着很好的促进作用，有利于胎宝宝脑细胞的增长。

了解分娩

从现在开始，准妈妈可以有计划地学习一些关于分娩的知识，看些关于分娩的视频，或是参加孕妇学习班学习分娩的课程。这样做有助于了解自己，了解分娩，减轻产前的精神负担。

列个购物清单

为宝宝准备东西简直是这个世界上最幸福的事了。准妈妈一定迫不及待,恨不得把整个商店都买下来。不过,买东西要有计划,列一个购物清单吧,赶上购物节的时候,把它们全部买下来,能节省不少金钱呢!

感受大自然

准妈妈可以走进附近的公园,多看看赏心悦目的风景,让胎宝宝也感受一下自然之美。此外,户外的新鲜空气对胎宝宝的大脑发育也有很大的好处,是个一举两得的好去处。

歌唱胎教

经过7个月的陪伴,胎宝宝对爸爸、妈妈的声音都很敏感了,给胎宝宝唱首歌吧!声波的震动能够为胎宝宝轻柔的按摩,即便是随意的哼唱,也能让胎宝宝感到心情愉悦哦!

"好奇"的准爸爸

进入孕晚期,准爸爸要陪同准妈妈一起参加产前培训课程,了解分娩相关的正确知识,还可以和准妈妈一起商量,给这个不久后就要降生的小家伙,起个什么名字好呢?

第29周 静心冥想操

右脑开发　提升专注力

告别美好的孕中期，到了有些难挨的孕晚期。子宫的增大可能会让准妈妈的身体感到不适，面对分娩，准妈妈或多或少会有些烦躁、忐忑不安。冥想可以放松身心，排解压力。如果准妈妈感到情绪不稳定，不妨试一下用冥想去化解。

练习方法

仰卧在床上，或端坐，微闭双眼，放松全身。头颈、胸腹、四肢，全身每一处都要放松，排除大脑中的杂念。对自己轻轻地说："我的内心非常宁静舒适。"幻想自己沐浴着温暖的阳光，呼吸着清新的空气，"我感到非常舒适惬意，我很快乐。"要发挥想象力，让自己置身于想象中的场景。继续暗示自己："我听到身边有孩子在'咯咯'地笑，我听见远方有小鸟叫，今天真是美好的一天。"全身放松，仔细体会、感受自己内心的愉悦。然后慢慢睁开双眼，起身下床，微笑着去做别的事情。

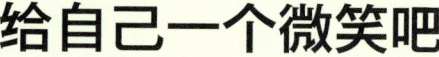

给自己一个微笑吧

右脑开发　提升情绪控制力

微笑是一种效果良好的情绪胎教。所以，准妈妈们，每天都开心一点，不要吝啬你的微笑，从现在开始微笑胎教课吧！

练习方法

每天清晨对着镜子，先给自己一个微笑。在一瞬间，一脸惺忪变成了光滑润泽，沉睡的细胞苏醒了，新的一天在充满朝气与活力中开始。

在生活中，保持良好的心态，适时给自己一个微笑。有好的气氛、融洽的感情，是工作顺利、生活美满的重要条件。充满欢笑的孕期时光必然是幸福的，也是胎教的重要部分。

准妈妈切忌大悲大怒，这就需要准爸爸的配合了。家庭生活中产生矛盾和分歧是难免的，准爸爸一定要多从准妈妈的角度出发思考问题，不要惹她生气。准妈妈也要记住，一个善意的微笑就会化解一切不快。

纸上风景盛宴之黄果树瀑布

壮观的瀑布能让人心境开阔，非常适合给孕晚期略显焦躁的准妈妈舒缓情绪。和胎宝宝一起感受大自然的壮阔吧！

右脑开发 激发视觉知觉

早在明朝，旅行家徐霞客就游历过黄果树瀑布，并在《徐霞客游记》中称赞其"捣珠崩玉，飞沫反涌，如烟雾腾空，势甚雄伟；所谓'珠帘钩不卷，匹练挂遥峰'，俱不足以拟其壮也，高峻数倍者有之，而从无此阔而大者。"

黄果树瀑布位于贵州省镇宁布依苗族自治县，是世界著名的大瀑布之一。黄果树瀑布群由18个风韵各异的大小瀑布组成，各具特色，造型十分优美，其中以黄果树大瀑布最为壮观，是世界上唯一可以从上、下、左、右、前、后6个方位全面观赏的瀑布。

黄果树瀑布似布如帛，汹涌澎湃。由悬崖直泻入潭中，气势磅礴令人叹为观止。溅起的水珠高五六丈，闪银亮玉，仿佛无数晶莹剔透的珍珠在阳光下跳跃。

亲爱的宝贝，面对这样雄伟的瀑布，你是不是也心潮澎湃，想要去看一看？等你长大了，爸爸妈妈带你一起走遍祖国的名山大川！

必看景点

天然盆、天星洞、水帘洞、坝陵河大桥、红崖天书

特色的民族产品

蜡染：蜡染是布依族一种独特的民族印染工艺。蜡染纹样如绘，有蓝底白花和白底蓝花，清雅脱俗，用蜡染花布制作的提包、窗帘、屏风、台布、床单、沙发罩，以及风韵独特的蜡染衣帐等商品，十分美观。

波波糖：又叫波波酥，因其香甜、易化，所以又被称作"落口酥"，是外婆做给外孙吃的一种点心，在当地又被叫作"婆婆糖"。其主要特点是香、甜、脆，色泽麦黄，食之口内久留芝麻的清香。

胎教故事：鸭式摇步舞

亲爱的胎宝宝，你知道小鸭子怎么走路吗？一摇一摆的，可有意思了！快和妈妈一起看一看，小鸭子因为自己独特的走路姿势，发生过怎样有趣的故事吧！

左脑开发 丰富的语言刺激

摇摇是一只小鸭子。它才生下来不久，走路摇摇摆摆的，所以大伙儿叫它摇摇。它的姿势是如此奇怪，如此笨拙。它每走一步，大家都会在后面笑话它。

摇摇很苦恼，躲在家里不肯出门，怕出门就被嘲笑。

可是，这样会让人笑话一辈子的——小摇摇想。

摇摇决定要勇敢起来。它每天在没人的地方练习走路，尽可能使自己走路摇得好看一点儿。而且，它每天还要到热闹的地方去走一圈，看看人们的反应。

后来它发现，如果自己昂首挺胸、旁若无人地阔步前进，就会有一种特殊的风度，这是鸭子独有的风度。

它就这样不断改进自己的走路方式。

有一天，它来到热闹的地方。一只小松鼠像发现了什么奥秘似的说："瞧，一只多么神气的小鸭子！"

"是啊，它走得真好看。"小刺猬也说。

大家开始用赞赏的眼光来看小鸭子摇摇走路了。

后来呢，动物界兴起了一种摇摇步的走法，就是模仿小鸭子摇摇走路的一种时髦风尚。

在动物们跳舞的时候，还专门有一种舞步，叫作"鸭式摇步舞"。这是一种很难学，但很好看的舞步。

我不说你们也知道，这种舞步的创始人就是——小鸭子摇摇。

古诗词里的数字——八

漫长的 7 个月孕期已经过去，转眼到了第 8 个月。古诗词里有哪些关于"八"的诗句呢？准妈妈和胎宝宝一起来读一读吧！

八阵图
唐·杜甫

功盖三分国，名成八阵图。
江流石不转，遗恨失吞吴。

望洞庭湖赠张丞相
唐·孟浩然

八月湖水平，涵虚混太清。
气蒸云梦泽，波撼岳阳城。
欲济无舟楫，端居耻圣明。
坐观垂钓者，徒有羡鱼情。

不第后赋菊
唐·黄巢

待到秋来九月八，我花开后百花杀。
冲天香阵透长安，满城尽带黄金甲。

对一切来说，只有热爱才是最好的老师，它远远胜过责任感。
——（美）爱因斯坦

儿歌：我看奶奶扭秧歌

奶奶特别喜欢扭秧歌，扭起秧歌来，脚步生风，可好看了！

打起鼓，敲起锣，
喇叭吹得震耳朵。
我跟奶奶到街上，
我看奶奶扭秧歌。

左手绸子右手扇，
奶奶扭得乐呵呵。
奶奶今年六十多，
我看好像二十多！

"幸福"大肚照

准妈妈看着自己"挺拔"的大肚子,是不是特别有幸福感?这可是人生中很重要的一段经历,一定要将它记录下来,以后就可以和小宝宝一起分享怀孕时的快乐和美丽了!

右脑开发 激发艺术创造力

亲爱的宝宝,我们已经一起走过了大半年的路程,看到你健康地长大,你知道妈妈有多骄傲、多自豪吗?想到很快就能见到你这个调皮的小捣蛋,爸爸、妈妈别提多兴奋了,尤其是你爸爸,那迫不及待的样子,看起来真的很可爱。宝宝,这最后的3个月,也是你成长最迅速的3个月。虽然妈妈会出现一些不舒服的小症状,但是妈妈一定会坚持,你也要加油哦!

摄影这个艰巨而又光荣的任务,当然要交给无所不能的准爸爸了。找一个阳光明媚的午后,拿起手中的相机或者手机,给美丽的准妈妈拍一套大肚子写真吧!轻按快门的那一刻,将你的爱和幸福全部记录下来。

准备工具

相机或手机,漂亮的孕妇装以及会拍照的准爸爸。

拍照方法

找一块好看的背景墙,用漂亮的窗帘当背景也可以。摆出准妈妈喜欢的姿势,让准爸爸拍照就可以啦!说真的,拍照这件事,当然是想怎么拍就怎么拍了!

营养胎教：芦笋炒虾仁

芦笋和虾仁的营养价值都很高，很适合孕晚期的准妈妈食用，多吃虾仁对胎宝宝的发育也有好处哦！

左脑开发 激发嗅觉味觉

食材

芦笋200克，虾仁150克，鸡蛋2个，蒜片、姜末、料酒、淀粉、盐、油各适量。

制作步骤

虾仁用料酒、盐、淀粉腌制30分钟；芦笋洗净，切段；鸡蛋打散。

起锅热油，下虾仁滑炒，虾仁变色后关火，盛到盘中备用。

锅中留少许底油，加入蒜片、姜末爆香后，倒入芦笋段翻炒。

炒到芦笋断生后，放盐调味并盛好。

锅中倒少许油烧热，滑入蛋液，翻炒，鸡蛋成型后，倒入炒好的虾仁、芦笋，再一起翻炒入味即可。

诗歌：当我紧紧拥抱着

亲爱的宝宝，妈妈很想知道，当我紧紧拥抱你的时候，会是怎样的美好。

左脑开发 丰富的语言刺激

当我紧紧拥抱着
你的苗条的身躯，
兴奋地向你倾诉
温柔的爱的话语，
你却默然，从我的怀里
挣脱出柔软的身躯。
亲爱的人儿，你对我
报以不信任的微笑；
负心的可悲的流言，
你却总是忘不掉，
你漠然地听我说话，
既不动心，也不在意……
我诅咒青年时代
那些讨厌的恶作剧：
在夜阑人静的花园里
多少次的约人相聚。
我诅咒那调情的细语，
那弦外之音的诗句，
那轻信的姑娘们的眷恋，
她们的泪水，迟来的幽怨。

——（俄）普希金

古诗词里的颜色——橙色

"橙"在古诗里往往不指我们熟知的橙色,而是水果"橙子","橙黄橘绿"是古诗中常见的意象。准妈妈和胎宝宝一起来读一读这两首诗,感受一下古人的情怀。

满庭芳·和富宪公权饯别

宋·王之道

歌彻骊驹,酒斟醽醁,帆樯高映城楼。绣衣携具,开宴话离愁。两岸橙黄橘绿,一行雁、几点沙鸥。情千万,相看无语,送我上孤舟。

悠悠。冬向晚,梅花潜暖,随处香浮。奈长亭饮散,无计淹留。归路淮山百舍,空梦想、连岁清游。烦双鲤,频将尺素,来往寄江流。

赠刘景文

宋·苏轼

荷尽已无擎雨盖,菊残犹有傲霜枝。
一年好景君须记,正是橙黄橘绿时。

没有伟大的愿望,就没有伟大的天才。
——(法)巴尔扎克

儿歌:摇篮曲

我的小宝贝,安心地睡吧,妈妈的怀抱永远是你的避风港,舒舒服服睡到明天太阳升起吧!

睡吧,睡吧,我亲爱的宝贝,
妈妈的双手轻轻摇着你。
摇篮摇你,快快安睡,
夜已安静,被里多温暖。

睡吧,睡吧,我亲爱的宝贝,
爸爸的手臂永远保护你。
世上一切,幸福愿望,
一切温暖,全都属于你。

睡吧,睡吧,我亲爱的宝贝,
妈妈爱你,妈妈喜欢你。
一束百合,一束玫瑰,
等你睡醒,妈妈都给你。

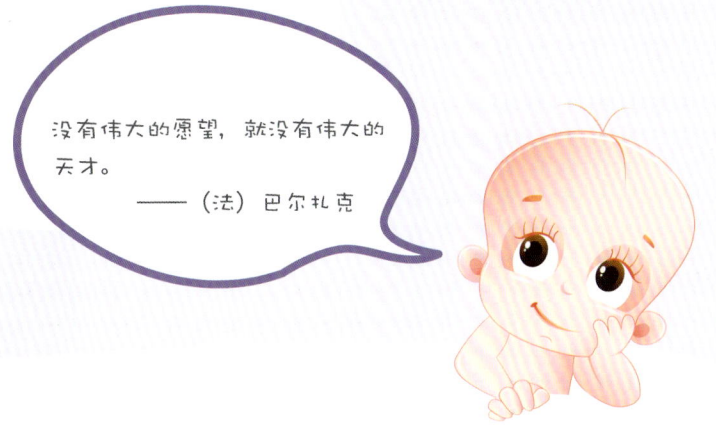

散文欣赏：趵突泉（节选）

左脑开发 丰富的语言刺激

济南趵突泉被乾隆帝誉为"天下第一泉"，本文节选了《趵突泉》的前半部分，是作者老舍先生第一次游历趵突泉时的感受。孕晚期旅游不太方便，不如就徜徉书海，带着胎宝宝一起感受一下"天下第一泉"吧！

在西门外的桥上，便看见一溪活水，清浅，鲜洁，由南向北流着。这就是由趵突泉流出来的。假如没有这泉，济南定会丢失一半的美。

泉太好了。泉池是差不多见方的，三个泉口偏西，北边便是条小溪，流向西门去。看那三个大泉，一年四季，昼夜不停，老那么翻滚。你立定呆呆地看三分钟，便觉得自然的伟大，使你再不敢正眼去看。永远那么纯洁，永远那么活泼，永远那么鲜明，冒，冒，冒，好像永远不感到疲乏，只有自然有这样的力量！冬天更好，泉上起了一片热气，白而轻软，在深绿的长长的水藻上飘荡着，不由你不想一种似乎神秘的境界。

池边还有小泉呢：有的像大鱼吐水，极轻快地上来一串水泡；有的像一串明珠，走到中途又歪下去，真像一串珍珠在水里斜放着；有的半天才上来一个水泡，大、扁一点，慢慢地，有姿态地摇动上来，碎了。看，又来一个！有的好几串小碎珠一齐挤上来，像一朵攒得很整齐的珠花，雪白；有的……这比那大泉还更有味。新近为增加河水的水量，又下了六根铁管，作成六个泉眼，水也流得很旺，但是我还是爱原来的那三个。

看完了泉，再往北走，经过一些货摊，便出了北门。

音乐胎教：名曲《田园交响曲》

右脑开发 激发音乐灵感

鸟语花香，流水潺潺，云卷云舒，花开叶落……大自然奏响的音乐美妙、淳朴、天然，准妈妈可以用心去感受，不仅能放松身心，还能锻炼胎宝宝对声音的感知，提高胎宝宝对不同声音的分辨能力。

中文名	路德维希·凡·贝多芬
外文名	Ludwig van Beethoven
出生日期	1770年12月16日
国籍	德国
主要成就	将声乐融入交响曲，扩大交响曲规模
代表作品	《英雄》《命运》《田园》《欢乐颂》《悲怆奏鸣曲》《月光奏鸣曲》

《田园》又名F大调第六交响曲，完成于1808年左右，此时，贝多芬双耳已经完全失聪，这部作品正表现了他在这种情况下对大自然的依恋之情，是一部体现回忆的作品。这部作品于1808年在维也纳首演，由贝多芬亲自指挥。在首演节目单上，他写道："乡村生活的回忆，写情多于写景"。整部作品细腻动人，朴实无华，宁静而安逸，与贝多芬的c小调第五交响曲同为世界上最受欢迎的交响曲之一。

整部作品共分为5个乐章，每个乐章均有一个小标题。初到乡村时的愉悦由明亮的双簧管呈现，充满着浓郁而清新的乡间气氛；溪边小景由小提琴、中提琴和大提琴伴奏，主题悠扬明亮，音乐犹如清澈的溪流，舒缓平静，偶有微风轻拂，水面上荡起轻微的涟漪，扭动了水面上倒映的白云疏影；第三乐章"乡村欢乐集会"是牧笛风格的旋律，欢笑的乡民快乐地舞蹈；在第四乐章中，暴风雨忽至，狂风呼啸，裹挟着雷电排山倒海般袭来，瞬间笼罩一切，但暴风雨又很快过去，欢快的田园牧歌接踵而至。雨过天晴后，牧人在田野中唱歌，雨后复斜阳，大地恢复平静，草地发出清新的馨香。牧歌传达着对大自然的感激之情，这种喜悦、安宁、欣慰的情绪一直贯穿这个乐章，整部交响乐在这样的气氛中结束。

古文欣赏：爱莲说

莲花高洁，"出淤泥而不染，濯清涟而不妖"流传千年，其风格气度让人钦佩。准妈妈一定也非常敬佩莲花的气度，心里也希望自己的胎宝宝能如莲花一般高洁吧！

左脑开发　丰富的语言刺激

水陆草木之花，可爱者甚蕃（fán）。晋陶渊明独爱菊。自李唐来，世人盛爱牡丹。予独爱莲之出淤泥而不染，濯（zhuó）清涟而不妖，中通外直，不蔓不枝，香远益清，亭亭净植，可远观而不可亵玩焉。

予谓菊，花之隐逸者也；牡丹，花之富贵者也；莲，花之君子者也。噫！菊之爱，陶后鲜有闻。莲之爱，同予者何人？牡丹之爱，宜乎众矣。

译文

水上、陆地上的各种花草树木，值得喜爱的非常多。晋朝陶渊明唯独喜爱菊花。自唐朝以来，世间的人们非常喜爱牡丹。我唯独喜爱莲花，它从淤泥中长出来，却不沾染污秽；在清水里洗涤过，但是不显得妖媚。它的茎中间贯通，外形挺直，不生枝蔓，不长枝节，香气远播，更加清香，笔直而洁净地立在那里，可以远远地观赏，但是不能玩弄它。

我认为，菊花是花中的隐士；牡丹，是花中的富贵者；莲花，是花中的君子。唉！对于菊花的喜爱，在陶渊明以后很少听到了。对于莲花的喜爱，和我一样的还有谁？对于牡丹的喜爱，当然有很多人了。

双语胎教：山洞里的小熊

小熊需要砍掉大树造一座木头房子，可善良的它却不忍心让绿叶凋零、鲜花枯萎、果实落地、小鸟无家可归，宁愿自己一直住在山洞里。亲爱的宝宝，你认为善良的小熊做得对吗？妈妈希望你也像小熊一样，做个善良的好孩子。

左脑开发　双语启蒙

小熊一家住在山洞里。熊爷爷对小熊说："你去造间木头房子住吧！"
春天，小熊走进树林。树上长满了绿叶，他舍不得砍。
夏天，小熊又走进了树林。树上开满了鲜花，小熊舍不得砍。
秋天，小熊走进树林。树上挂满了果实，小熊舍不得砍。
冬天，小熊走进了树林。树上站着许多小鸟，小熊舍不得砍。
一年又一年，小熊始终没有砍树造房子，还是高高兴兴地住在山洞里……
树林里的小动物非常感谢小熊，他们送给小熊一束美丽的鲜花。

Little bear lived in a mountain cave. Grandfather bear said to Little Bear: "Go and build a wooden house to live in!"

In the spring, little bear went into the forest. The trees were full of green leaves, and he couldn't bear to cut them down.

In the summer, little bear again went into the forest. The trees were full of fresh flowers, and he couldn't bear to cut them down.

In the autumn, little bear went into the forest. The trees were full of hanging fruit, and he couldn't bear to cut them down.

In the winter, little bear went into the forest. Many little birds were living in the trees, and he couldn't bear to cut them down.

Years passed, and little bear still hadn't made a home out of the trees. He was still living happily in his mountain cave.

The little forest animals thanked little bear very much, and they gave him a bunch of beautiful fresh flowers.

儿歌：洗澡歌

右脑开发 韵律启蒙

全身上下洗香香，丰富的泡沫布满全身，不一会儿就洗干净了。爱干净的小朋友，谁不喜欢呢？

沐浴露和香香皂，
今天用哪个好？
毛巾衣服要拿好，
水温刚刚好。
淋淋水来搓泡泡，
今天真是太美妙！

从上到下要记牢，
我爱洗澡澡。
冲冲水，搓搓头，
全身也要淋湿到。
脖子后，胳肢窝，
屁屁也要清洁到。

儿歌：赶海的小姑娘

左脑开发 丰富的语言刺激

可爱的小姑娘在海滩上捡起海螺，抓住对虾，玩儿得好不畅快！亲爱的宝宝，等你长大了，爸爸妈妈带你去海边，吹着海风吃螃蟹呀！

松软软的海滩呀，
金黄黄的沙，
赶海的小姑娘光着小脚丫！
珊瑚礁上捡起了一枚海螺，
抓住了水洼里一呀一对虾。
找呀找呀找呀找呀找……
挖呀挖呀挖呀挖呀挖……

一只小篓装不下，
装呀装不下呀，
装呀装不下。
腥咸咸的海风哟，
清爽爽地刮，
吹乱了小姑娘缕缕黑头发。
姑娘轻轻唱起了一支渔歌，

羞红了远方的一抹晚霞。
唱呀唱呀唱呀唱呀唱……
跳呀跳呀跳呀跳呀跳……
姑娘提篓跑回家，
跑呀跑回家呀，
跑呀跑回家。

美学胎教：名画《林荫道》

右脑开发 绘画激发想象力

画面中美丽的林荫小道令人心生向往，乡间的宁静景致令人心旷神怡。准妈妈和胎宝宝一起感受这片刻的宁静，呼吸着新鲜的空气，沉醉在乡间林荫道吧！

中文名	梅因德尔特·霍贝玛
外文名	Meindert Hobbema
出生日期	1638年
国籍	荷兰
主要成就	荷兰著名风景画家，因透视精准为人称道
代表作品	《林荫道》《磨坊》

《林荫道》描绘的是一条极普通的乡间泥泞小道，路面上印着几道深浅不同的车辙，两边矗立着尚未成荫的树木，这些树木排列整齐，高低参差不齐，枝叶也很稀落。道路的中间，一个猎人正牵着一只狗在走。小道左边的远处矗立着一座教堂，在一马平川的地势中显得很高大。小道的右侧，在一片树苗地中，一位老农正在修剪地里的果树。远处有两个农妇正在路上边说边走，她们的身旁是简朴的房舍。

整个画面洋溢着浓厚的生活气息，是当时荷兰农村生活的实录。宁静的乡间景致看似平淡却又耐人寻味，再普通不过的乡下风景，在霍贝玛的笔下却摇曳多姿。

孕9月

孕9月（33~36周）预产期越来越近，准妈妈的内心一定既紧张又兴奋：很快就可以看到这个和自己血脉相连的小人儿了！这个时候的胎宝宝已经是个圆乎乎、胖嘟嘟的小可爱了，他的小手、小脚丫和头部可能会清晰地在准妈妈的腹部忽然"冒"出来。

少吃多餐

由于胎宝宝最后的发育需要，这一时期的准妈妈，营养应该全面且多样，少食多餐、清淡且营养在这段时期十分重要。

绿色蔬菜补充维生素K

维生素K是人体内骨骼素合成过程中不可缺少的因子，绿叶的蔬菜，如菠菜、韭菜、芹菜、油麦菜等，都含有丰富的维生素K。

放空自己

胎宝宝在准妈妈腹中多待一日，其大脑和其他器官的发育就更完善一些。准妈妈一定要多休息，切莫操劳，时不时放空自己，可静坐听雨声、看雪落、看石子落入水中激起层层涟漪等，什么都不要想，尽情享受一个人的安静时光。

散步半小时

有研究表明,每天散步6000步的准妈妈,在分娩时会更顺利。准妈妈放松心情,和准爸爸一起到公园里散散步吧,不必追求高步数,身体舒适最重要。

向过来人取经

现在的准妈妈,可能会想象着生产时的各种状况,产生过度焦虑情绪。不妨向家里的长辈,身边已经生育的朋友,甚至是热心的网友取取经。别害怕,你一定能行!

大声唱歌

歌声不仅能平复准妈妈心中的焦虑情绪,对胎宝宝来说,这也是很好的胎教方式。大声唱你喜欢的歌曲,想象腹中的胎宝宝在认真聆听。不要害羞,胎宝宝很喜欢你的歌声呢!

贴心的准爸爸

贴心的准爸爸可以在睡前给准妈妈放一些柔和的轻音乐,为准妈妈按摩一下水肿的下肢,和胎宝宝耐心地对话:"你这个小捣蛋,在妈妈肚子里乖一些,不要打扰妈妈睡觉哦!"

分娩呼吸法

分娩的疼痛系数被称为"人类承受极限"。一般情况下，很多准妈妈在阵痛来临时会闭着眼睛，呼吸急促，全身紧绷，甚至大叫，但其实这样的做法是不对的。正确的做法是：睁着眼睛看向一处，呼吸尽可能地变慢，全身放松，而且这种呼吸方法是最不消耗体力的，这样保存下来的体力也可以使用在生产的过程中。

左脑开发 提升专注力

练习方式

廓清式呼吸

即深呼吸。坐或者躺皆可，身体完全放松，眼睛看向一处，用鼻子慢慢吸气，肚子鼓起，想象着吹蜡烛，并且像吹蜡烛一样，慢慢呼气。

胸式呼吸

其实生活中大多数人的呼吸方式都是胸式呼吸，但平时的胸式呼吸往往比较清浅，肺部没有全部活动起来。如果有意地进行正确的胸式呼吸，能充分激发准妈妈的肺部容量，提高供氧量。

坐或者躺皆可，没有尝试做过的准妈妈可以先将双手放在胸肋两侧感受一下，用鼻子吸气，胸腔慢慢增大，心中默数3秒，然后缓慢地呼气，感受到胸肋收缩。

如果胸式呼吸配合腹式呼吸，即吸气时，胸腔慢慢变大，并将气吸至腹部，使腹部鼓起，然后慢慢呼出，胸肋和腹部都收回，效果更好。

神经肌肉控制法

这个方法主要是帮助准妈妈在宫缩来临时，可以放松全身肌肉，让子宫可以无拘无束地收缩。这个方法也是需要准爸爸来帮忙的！首先左臂用力，其他部位放松，再右臂用力，其他部位放松；其次左腿用力，其他部位放松，再右腿用力，其他部位放松；最后左臂右腿、左臂左腿用力，其他部位放松，再右臂左腿、右臂右腿用力，其他部位放松！每天至少练习一次，每次15~20分钟。

呼吸技巧：以深呼吸加放松为基础，结合产程进度做，把之前的知识与实践结合起来，更能达到减轻分娩疼痛的效果。

纸上风景盛宴之织金洞

在过去的 8 个月里，准妈妈和胎宝宝一起游山玩水看风景，是不是有些审美疲劳了呢？那么，这个月来看点儿新奇玩意儿吧。此时胎宝宝的视力已经发育得很好了，让准妈妈和胎宝宝通过文字来感受这浓郁的色彩吧。来织金洞看看大自然的五彩斑斓和鬼斧神工，让胎宝宝和准妈妈一起，感受大自然的神奇！

> **左脑开发** 激发色彩感知力，激发视觉知觉

织金洞位于贵州省织金县官寨乡，地处乌江源流之一的六冲河南岸，属于高位旱溶洞，是一个多层次、多类型的溶洞，被誉为"岩溶瑰宝"。

织金洞规模宏大，形态万千，色彩纷呈，囊括了全世界溶洞堆积物类别的 40 多种堆积形态，呈现出万千气象、无限风光。雄伟壮观的"地下塔林"、虚无缥缈的"铁山云雾"、一望无涯的"寂静群山"、磅礴而下的"百尺垂帘"、深奥无穷的"广寒宫"、神秘莫测的"灵霄殿"、豪迈挺拔的"银雨树"、纤细玲珑的"卷曲石"、栩栩如生的"普贤骑象""婆媳情深"……一幅幅大画卷，一处处小场景，令人心魄震惊，叹为观止。

必看景点

万寿宫、凌霄殿、望山洞、江南泽国、雪香宫、广寒宫、十万大山、织金古城

形态万千的溶洞

万寿宫：远古时洞顶塌落的巨石堆积如山，称"万寿山"。后来，山上又覆满岩溶堆积物。上有珍奇的"穴罐"，呈椭圆形。旁有"鸡血石"，晶莹绯红，酷似"孔雀开屏"。有三尊"寿星"，高 10~20 米。洞顶和厅壁由黄、白、红、蓝、褐诸色构成美丽的图案。

雪香宫：全长 300 余米，面积 6000 余平方米，岩溶堆积物如茫茫雪原。注柱四立，玉帷高挂，俨然一派北国风光。其间，有自然形成的 20 多块谷针田、珍珠田、梅花田；有 20 余个大小不一的石盾；有数十面红色透明的钟旗，扣之如钟声；有百余株石竹形成的"竹苑"，如丛筸密篠（xiǎo），意趣横生。

诗歌欣赏：金色花

在不久的将来，宝宝学会走路以后，他会变成爸爸、妈妈的"小尾巴"，经常会和爸爸、妈妈玩"捉迷藏"的游戏。准爸爸和准妈妈快来看看这首泰戈尔诗歌笔下的宝宝是怎么和妈妈玩"捉迷藏"的吧。畅想宝宝出生后要是也这么顽皮、可爱，心里都是甜甜的。

左右脑开发 丰富的语言开发想象力

假如我变成了一朵金色花，
为了好玩，长在树的高枝上，
笑嘻嘻地在空中摇摆，又在新叶上跳舞，
妈妈，你会认识我吗？
你要是叫道："孩子，你在哪里呀？"
我暗暗地在那里匿笑，却一声儿不响。
我要悄悄地开放花瓣儿，看着你工作。
当你沐浴后，湿发披在两肩，穿过金色花的林荫，
走到做祷告的小庭院时，你会嗅到这花香，
却不知道这香气是从我身上来的。
当你吃过午饭，坐在窗前读《罗摩衍那》，
那棵树的阴影落在你的头发与膝上时，
我便要将我小小的影子投在你的书页上，正投在你所读的地方。
但是你会猜得出这就是你孩子的小小影子吗？
当你黄昏时拿了灯到牛棚里去，我便要突然地再落到地上来，
又成了你的孩子，求你讲故事给我听。
"你到哪里去了，你这坏孩子？"
"我不告诉你，妈妈。"
这就是你同我那时所要说的话了。

古诗词里的数字——九

准妈妈经过了"九九八十一难",终于来到了怀孕的第9个月,成功就在眼前。准妈妈给胎宝宝读一读这些有"九"的诗句吧!

暮江吟

唐·白居易

一道残阳铺水中,半江瑟瑟半江红。
可怜九月初三夜,露似真珠月似弓。

十五夜观灯

唐·卢照邻

锦里开芳宴,兰缸艳早年。
缛彩遥分地,繁光远缀天。
接汉疑星落,依楼似月悬。
别有千金笑,来映九枝前。

江南逢李龟年

唐·杜甫

岐王宅里寻常见,崔九堂前几度闻。
正是江南好风景,落花时节又逢君。

慈母的胳膊是慈爱构成的,孩子睡在里面怎能不甜?
——(法)雨果

儿歌:花仙子之歌

漂亮的花仙子能给人们带来幸福,就像你,我的"小怪兽",你是全家人的幸福源泉!

能给人们带来幸福的花儿啊,
你在哪里悄悄地开放,
我到处把你找,
脚下的路伸向远方。

大波斯菊是我的帽子,
蒲公英在我在我枕边飘荡,
穿过那阴森的针槐林,
奋勇向前向前。

幸福的花仙子就是我,
名字叫 Lulu 不寻常,
说不定,说不定有那么一天,
就来到,就来到你的身旁。

国学胎教：古诗词里的儿童生活

童年时光总是让心钦羡，古代的文人墨客对村居小儿的无忧无虑神往不已。苏门四学士之一、与苏轼并称"苏黄"的黄庭坚，更是认为悠然生活的牧童比名利场上的达官贵人还要乐得自在。准妈妈也来读一读这些描写儿童生活的古诗吧，跟着心无挂碍的孩子们一起，放松身心。

左脑开发 丰富的语言刺激

池上
唐·白居易

小娃撑小艇，偷采白莲回。
不解藏踪迹，浮萍一道开。

田家
宋·范成大

昼出耘田夜绩麻，村庄儿女各当家。
童孙未解供耕织，也傍桑阴学种瓜。

宿新市徐公店
宋·杨万里

篱落疏疏一径深，树头花落未成阴。
儿童急走追黄蝶，飞入菜花无处寻。

清平乐·村居
宋·辛弃疾

茅檐低小，溪上青青草。醉里吴音相媚好，白发谁家翁媪？
大儿锄豆溪东，中儿正织鸡笼，最喜小儿亡赖，溪头卧剥莲蓬。

牧童
宋·黄庭坚

骑牛远远过前村，短笛横吹隔陇闻。
多少长安名利客，机关用尽不如君。

村居
清·高鼎

草长莺飞二月天，拂堤杨柳醉春烟。
儿童散学归来早，忙趁东风放纸鸢。

古诗词里的颜色——青色

青,出于蓝而胜于蓝,比蓝的色彩更加浓烈,青山映绿水,颜色分外美。准妈妈和胎宝宝一起看看古诗词里的青山,和你曾经见过的有什么不同?

望岳

唐·杜甫

岱宗夫如何?齐鲁青未了。
造化钟神秀,阴阳割昏晓。
荡胸生层云,决眦入归鸟。
会当凌绝顶,一览众山小。

过故人庄

唐·孟浩然

故人具鸡黍,邀我至田家。
绿树村边合,青山郭外斜。
开轩面场圃,把酒话桑麻。
待到重阳日,还来就菊花。

天才就是百分之一的灵感,加上百分之九十九的汗水。
——(美)爱迪生

儿歌:学英文歌

英文学习很重要,从胎儿时期就要开始啦!现在的胎宝宝听力、视力都已经发育得不错了,准妈妈快给小家伙做做英文胎教吧!

早晨妈妈把我叫,起床穿衣上学校。
穿上衣服 CLOTHES,衣服衣服 CLOTHES。
穿上袜子 SOCKS,袜子袜子 SOCKS。
登上鞋子 SHOES,鞋子鞋子 SHOES。
弟弟戴着小帽子 CAP,CAP,CAP 是帽子。
妹妹穿着花裙子 SKIRT,SKIRT,SKIRT 是裙子。
姐姐穿着红外套 COAT,COAT,COAT 是外套。

胎教故事：勇敢的小刺猬

左脑开发 丰富的语言刺激

最不起眼的小刺猬，在关键时刻却救了大伙儿。亲爱的宝宝，妈妈希望你遇到困难的时候也能像小刺猬一样，勇往直前，无所畏惧。

在这么多的小伙伴中，小猴顶顶瞧不起的就是小刺猬了。瞧它那丑样儿：浑身插着大针，又尖又小的脑袋老是缩在肚子下面，一副胆小怕事的样子。

有一天，小伙伴们在玩捉迷藏，小刺猬也想参加，小猴不高兴了："去去去，你凑什么热闹？"

小鹿和小松鼠都为小刺猬求情道："让小刺猬来吧，小猴！"

"哼，让它来，它能干什么？呆头呆脑的。"小猴嘀咕道。

这话太不公平了！小白兔跳出来打抱不平："小刺猬并不笨，每天夜里它都能捉几只老鼠。"

"捉老鼠有什么了不起？"小猴提高了嗓门道，"它能像我跑得那样快吗？能像我一样爬上这棵树吗？"大伙儿不吭声了。

捉迷藏开始了。

小白兔撒腿往草丛里跑，雪白的身子被长长的草遮住了。忽然，小白兔惊惶尖叫起来："蛇！蛇！"

小猴大喊一声："快跑！"它第一个转身就跑。

小白兔、小松鼠和小鹿跟在后边。蛇拉直了身体，拼命朝前追。当蛇经过小刺猬跟前时，小刺猬一下子咬住了它的尾巴，然后把头缩进肚子底下。蛇把头抬得高高的，凶狠地摇了摇，想咬小刺猬。小刺猬一点儿也不害怕，还是紧紧地咬住蛇尾巴不放，蛇盘成一团，想绞小刺猬。小刺猬鼓足劲儿，弓起背，全身的尖刺都竖起来。蛇的身上被刺了无数个小洞，蛇挣扎了几下，最后逃跑了。

小伙伴们回来后，看到小刺猬把毒蛇给刺跑了，都说："多亏你救了我们！""小刺猬真了不起！"

小猴红着脸，低着头说："小刺猬，你很勇敢，我以前小看你了，请原谅我吧！"

美学胎教：名画《水波轻拍》

右脑开发 绘画激发想象力

水面上浮光跃金，美丽非常，静谧的氛围能让准妈妈心境平和，看着粼粼的水波闪耀着反射的太阳光辉，心情也忽而明亮了起来。

提水的妇女、轻摇的小船、远处的丘陵与村落……佐恩用明暗对比的手法、丰富的色彩，描绘了水波轻拍的河岸风光。画家善于在现实生活中提取诗意，这幅作品洋溢着画家对明朗、欢乐生活的赞颂。

佐恩的画，笔法轻快，色彩清朗，造型准确。自始至终取材于平凡的生活和景物，最喜欢画烟波浩渺的湖泊、白雪皑皑的丛林和在无垠的原野上生活的居民。在《水波轻拍》这幅画中，佐恩用明暗对比的手法，以丰富的色彩，描绘了水波轻拍的河岸风光，能带给准妈妈愉悦的心情。看那画面，荡漾的水波，由远及近，或明或暗，反射出夕阳的光辉。

站在画前，仿佛就站在水边。清澈的河水触手可及，一只小木船悠闲地漂在水上；近处提水的妇女、聊天的情侣，远处渐高的丘陵、错落的村落、延伸的小路……呈现在我们面前的是宁静、安闲、明朗、欢乐的生活景象。没有迤逦缥缈的远山，没有艳丽怒放的花朵，只是生活中最平常的一个角落，却同样给我们美的震撼、美的享受。

最美的景色不在远处，就在我们身边，善于观察和体会，才能在平凡的现实生活中找到心灵的启迪和慰藉。

中文名	安德斯·佐恩
外文名	Anders Zorn
国籍	瑞典
出生日期	1860 年 2 月 18 日
主要成就	瑞典绘画大师、雕塑家
代表作品	《午夜》《水边》《夏天的娱乐》

营养胎教：鲫鱼豆腐汤

到了孕晚期，准妈妈的饮食应该为即将到来的分娩做准备，以富含维生素、蛋白质的高营养、低脂肪食物为主。鲫鱼富含蛋白质和微量元素锌，能够为准妈妈提供所需营养，还能健脑益智，对胎宝宝的大脑发育很有好处；豆腐中含有丰富的钙质，能够帮助准妈妈缓解孕晚期因缺钙造成的腿脚抽筋等问题。

左脑开发（激发味觉、嗅觉）

这道鲫鱼豆腐汤的做法十分简单，准妈妈快来试试吧！

食材

鲫鱼1条，豆腐1块，香葱、姜、盐、油各适量。

制作步骤

将鲫鱼收拾干净，控干水分。

豆腐切小块；姜切片；香葱切碎。

热锅下油，放入姜片爆香，放入鲫鱼，煎至鱼皮微露金黄色，翻面，同样煎至金黄色。

在锅中加入开水，没过鱼身3厘米，大火煮15分钟。

放入切好的豆腐，转中火继续煮5分钟，加入适量盐，再煮5分钟，出锅前撒上香葱碎即可。

香喷喷的鲫鱼豆腐汤就出锅啦！鲫鱼味道鲜美，豆腐口感嫩滑，汤汁香醇浓郁，撒上一把青翠的小葱碎，美味无比。

双语胎教：杰克的帽子

手里拿着手机问"我的手机呢？"，脚上穿着袜子却在翻箱倒柜地找袜子……诸如此类的"囧"事准妈妈有没有遇到过？小鹅杰克就碰到了这样的问题，真是滑稽极了！

左脑开发 双语启蒙

杰克是一只小鹅。有一顶可爱的帽子，他非常喜欢戴这顶帽子。但是当他坐起来的时候，他的帽子在头上就戴不住了。

他摘下自己的帽子，并开始用帽子玩游戏。他玩累了，事情变得不一样了——帽子居然不见了。

杰克找不到他的帽子了。帽子在哪里？杰克仔细回想，上下搜寻，到处寻找，还是没有找到自己的帽子。

这时，杰克的母亲走进来，朝着杰克喊道："啊，我的小宝贝，你怎么这么傻，帽子在你的头上呢！"

杰克觉得自己真的是太笨了，再也不想戴那顶帽子了。

Jack is a little goose. He has a lovely hat. He likes wearing it very much. But when he sits, his hat can't stay on his head.

He puts his hat down and begins to play game with the hat. When he gets tired of the game, things are not the same.

He can't find his hat. Where is it? Jack thinks hard. He looks up and down, and walks here and there. He can't find his hat yet.

At this time, his mother comes in. As soon as she sees Jack, she cries, "Oh, my dear! Don't be foolish. Your hat is on your head."

Jack feels very foolish. He doesn't want to wear his hat on his head anymore.

散文欣赏：背影（节选）

右脑开发 丰富的语言刺激，充沛的感情刺激

提到写父亲的文章，朱自清的《背影》总能引起人们的共鸣。这次我们节选了父亲买橘子的段落，虽然文字不多，但父亲对儿女的爱，表现得十分细腻深刻，让人感动。亲爱的胎宝宝，爸爸、妈妈对你的爱也是如此，可能表现得不够热烈，但绝对真挚。

我说道："爸爸，你走吧。"他往车外看了看说："我买几个橘子去。你就在此地，不要走动。"我看那边月台的栅栏外有几个卖东西的等着顾客。走到那边月台，须穿过铁道，须跳下去又爬上去。父亲是一个胖子，走过去自然要费事些。我本来要去的，他不肯，只好让他去。我看见他戴着黑布小帽，穿着黑布大马褂，深青布棉袍，蹒跚地走到铁道边，慢慢探身下去，尚不大难。可是他穿过铁道，要爬上那边月台，就不容易了。他用两手攀着上面，两脚再向上缩；他肥胖的身子向左微倾，显出努力的样子。这时我看见他的背影，我的泪很快地流下来了。我赶紧拭干了泪。怕他看见，也怕别人看见。我再向外看时，他已抱了朱红的橘子往回走了。过铁道时，他先将橘子散放在地上，自己慢慢爬下，再抱起橘子走。到这边时，我赶紧去搀他。他和我走到车上，将橘子一股脑儿放在我的皮大衣上。于是扑扑衣上的泥土，心里很轻松似的。过一会说："我走了，到那边来信！"我望着他走出去。他走了几步，回过头看见我，说："进去吧，里边没人。"等他的背影混入来来往往的人里，再找不着了，我便进来坐下，我的眼泪又来了。

音乐胎教：名曲《大海》

右脑开发 激发音乐感知力

闭上眼睛，和胎宝宝一起静静地感受音符创造的海浪声，那海浪中的小浪花笑呀、唱呀，一定很开心。

中文名	阿希尔－克劳德·德彪西
外文名	Achille-Claude Debussy
国籍	法国
出生日期	1862年8月22日
主要成就	近代"印象主义"音乐的鼻祖和代表
代表作品	《佩列阿斯和梅丽桑德》《夜曲》《大海》

20世纪初，在巴黎的一家旅馆里住着一位生病的绅士，他准备到海滨去疗养。旅馆旁边有一个管弦乐队练习厅，乐队队员每天按时来练习演奏同一首乐曲。那位绅士听惯了，到时候他就躺在床上，静听着乐曲的演奏。听着，听着，他仿佛自己来到了海边，看到了波光闪烁的海面，看到了海涛击岸、浪花飞溅的动人海景。过了几天，他动身到海滨去了。到了那里，面对着广阔的大海，他反而觉得不够味儿了。他住在海边的别墅里，却想念着在巴黎旅馆中所听到的用音乐表现出的海的画面。他在海滨住了几天便急匆匆地赶回巴黎，打听了一番，才知道乐队队员每天演奏的是德彪西交响组曲《大海》。而当这首交响组曲公演时，这位绅士带着病去欣赏了。演奏结束，他赞叹道："哦！这才是大海！"

德彪西认为，此曲创作源于记忆："我拥有数不清的记忆。这些在我的感觉里比实景更有用。因为现实的魅力对于思考，还是一项过于沉重的负担。"

谁会知道音乐创作的秘密呢？那海的声音，海空划出的曲线，绿荫深处的拂面清风，小鸟啼啭的歌声，这些无不在德彪西心中形成富丽多变的印象。突然，这些意象会毫无理由地，以记忆的一点向外围扩展，于是音乐出现了。

成语故事：孟母三迁

右脑开发 锻炼思维能力

孟子的母亲曾为了给他一个良好的教育环境，多次迁居，母亲对子女的爱，自古如此。准妈妈给胎宝宝读一读文白对照版的《孟母三迁》，让胎宝宝也感受一下母亲对子女深沉的爱吧。

原文

邹孟轲母，号孟母。其舍近墓。孟子之少也，嬉游为墓间之事，踊跃筑埋。孟母曰："此非吾所以居处子也。"乃去。舍市傍，其嬉戏为贾人炫卖之事。孟母又曰："此非吾所以处吾子也。"复徙居学宫之傍。其嬉游乃设俎豆，揖让进退。孟母曰："此真可以处居子矣。"遂居。及孟子长，学六艺，卒成大儒之名。君子谓孟母善以渐化。

译文

孟子的妈妈，人称孟母。一开始，孟家附近有墓地，年少的孟子就和邻居的小孩一起学着大人跪拜、哭嚎的样子，玩得不亦乐乎。孟母看到了，就皱起眉头："不行，我不能让我的孩子住在这里了！"

于是，孟母就带着孟子搬到市集旁边去住。到了市集，孟子又和邻居的小孩一起，学起商人做生意。他一会儿鞠躬欢迎客人，一会儿招待客人，一会儿和客人讨价还价，表演得像极了！孟母知道了，又皱起了眉头："这个地方也不适合我的孩子居住。"

于是，他们又搬家了。

这一次，他们搬到了学堂附近。孟子开始变得守秩序、懂礼貌、喜欢读书。这个时候，孟母很满意地点着头说："这才是我的孩子应该住的地方呀！"

后来，大家就用"孟母三迁"来表示人应该要接近好的人、事、物，才能学习到好的习惯。

美学胎教：名画《秋冬山水图·冬景》

右脑开发 绘画激发想象力

冬雪寒冷高洁，却也可以耀眼明媚。准妈妈可以想象一下自己曾见过的雪景，和雪舟等杨笔下的两相比较，是不是又是另一番不同的境界呢？

中文名	雪舟等杨
外文名	Sesshū Toyo
国籍	日本
出生日期	1420年
主要成就	广泛吸收中国宋元及唐代绘画风范，世界文化名人
代表作品	《四季山水长卷》

这幅画展现了画家一次独自行走在寒雪林间的体验。画家以清淡的笔法，描绘了一道冬季里的风景线。

只是用粗重的笔墨，寥寥数笔就勾勒出了峭壁悬崖、层峰叠岭、远山寒雪。

从近处看，嶙峋的怪石，并立的两棵山树，在冬季里显得突兀而又单薄。一条小路伸向山的深处，左面的山只是描绘了一角，山的高度和陡峭都在画外，给人留下了无尽想象的空间。画中的那座矮山，虽然不是很高，但很陡峭，并且山石峥嵘，很见风骨。远处的一个小亭子，在水寒山冷的气氛中，傲然挺立，于深山中彰显出几分人气。

对面一座高山由于距离较远，已经有几分悠远和山雾飘摇之感，在几座山峰和右边山石犬牙交错间，画家一笔突兀而起，伸向高天，让人为之一震。

这似乎毫无凭依的一笔，正是这幅画的大胆、独特之处，如果将其隐去，这幅画的风韵、气势就大打折扣了。在这幅画中，东西方绘画的差异很明显地体现了出来。

画中设置了大量的空间，东方绘画的含蓄、空寂、澄明体现得淋漓尽致，利用这种绘画技法，作者也把冬雪刺骨、寒山幽远、行人绝迹的意境渲染了出来。可是，如果一个画家只是描绘出了一些基本的要素，而缺乏自己鲜明的个性，也不是很高明的大家，但雪舟等杨是个极有个性的画家。这幅画中，那突兀而独具特色的横空一笔就是作者卓尔不群、孤峰傲立的个性和艺术胆识的流露。

孕10月

胎宝宝终于足月啦！最后一个月（37~40周）的胎宝宝，各个器官已经发育成熟，只等瓜熟蒂落了！肺部作为最后一个成熟的器官，在宝宝出生后几小时才能建立起正常的呼吸模式。不要着急，你们很快就要见面了！

加餐！加餐！

此时的准妈妈，每日进餐次数可增至 5 餐以上，以少食多餐为原则，尽量选择体积小、营养价值高的食物。

保持愉快的心情

对于分娩，准妈妈可能会感到紧张焦虑，而此时，你需要排除一切干扰，一心一意迎接分娩，放松心情才能排除不利分娩的情绪。

注意临产征兆

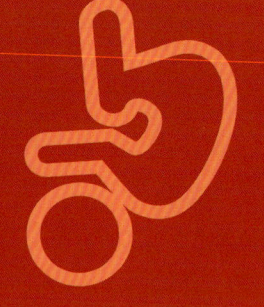

第 10 个月，准妈妈随时随地可能出现临产征兆，如果出现了规律宫缩或是胎膜早破（俗称破水），需要立即去医院准备生产。

整理待产包

准妈妈要提前做好功课，将自己住院所需要的个人用品、分娩时的必备物品以及宝宝出生后必须的物品统统列进去，依次对照，避免有遗漏。

分娩呼吸法练习

很快就要和宝宝见面了，勇敢地面对分娩，亲爱的准妈妈，你准备好了吗？在产程的每个阶段，用不同的呼吸方式，能够有效地减轻疼痛。现在，每天找个时间专门做做分娩呼吸法的训练吧，在你生产的时候，或许会缓解很多疼痛哦！

胎教不能停

怀孕的第10个月，胎宝宝的各个器官都已基本发育成熟，准备来到这个世界了，此时准爸准妈妈要更加有耐心地对胎宝宝进行胎教。

"耐心"的准爸爸

此时的准妈妈，心里有对即将降生的宝宝的期待，也有对分娩的恐惧。自然分娩的产妇要承受很大的压力和痛苦，准爸爸一定要耐心地开导妻子，给她讲解分娩知识，缓解她的焦虑情绪。

促进分娩的运动

胎宝宝马上就要足月,准备出生啦!为了迎接分娩,准妈妈可以有计划地开始练习分娩促进运动,这样会有助于顺产。

右脑开发 锻炼身体协调能力

准妈妈采取跪姿,双手撑开,放于身后,头部向上扬,肩部尽量向下沉,深呼气,慢吐气,如此反复3~5次,可以增强小腹及背部的肌肉力量,缓解孕晚期准妈妈的腰部酸痛。

准妈妈采取坐姿,左腿伸直,右腿自然弯曲,并使脚跟尽量靠近腿根部,左手扶左腿,如果可以,尽量摸到脚,右手高举,身体向左弯曲,以拉伸侧腰部。3~5次呼吸后,换方向做。

由上个姿势慢慢跪起,腰背挺直,然后上身慢慢向左弯曲,拉伸腰背部。3~5个呼吸后,换方向做。这个姿势可以缓解腰背部疼痛,有助于骨盆打开。

营养胎教：冬瓜丸子汤

冬瓜富含维生素C，且钾含量很高，对提升准妈妈的免疫力有很大的帮助。面对即将到来的分娩，免疫力的提升能够让准妈妈更加顺利地分娩。

左脑开发 激发味觉、嗅觉

食材

冬瓜200克，肉馅100克，蛋清、姜末、料酒、盐、香菜段、香油各适量。

制作步骤

冬瓜削皮去子，洗干净后切成片。

肉馅放入大碗中，加入蛋清、姜末、料酒和盐，搅拌均匀。

汤锅加水烧开后转小火，把肉末挤成个头均匀的肉丸子，随挤随放入锅中，待肉丸变色发紧时，用汤勺轻轻推动，使之不粘连。

丸子全部挤好后，开大火将汤烧滚，放入冬瓜片煮5分钟，加入适量盐，出锅放入香菜段，滴入香油即可。

纸上风景盛宴之梅里雪山

这是孕期的最后一个月了，准妈妈和胎宝宝一起走进梅里雪山，让纯净的雪水安抚准妈妈紧张的情绪，赶走焦躁不安和对分娩的恐惧吧！

右脑开发　激发视觉知觉

洁白无瑕的雪，能赶走内心的焦躁与不安，纯白的雪花和剔透的冰晶也总能让人联想到美丽的童话世界和动人的故事。

梅里雪山的主峰卡瓦格博峰，海拔高度6740米，形状犹如一座金字塔，高耸入云。在飘浮云朵的衬托下，卡瓦格博峰显得如梦似幻，神秘而让人敬畏，被誉为"雪山之神"。

必看景点

笑农大本营、明永冰川、十三峰、日照金山

诱人的藏族美食

青稞酒：青稞酒，藏语中叫作"羌"，是用青藏高原出产的一种主要粮食——青稞制成的。它是青藏人民最喜欢喝的酒，逢年过节、结婚、生孩子、迎送亲友，必不可少。青稞酒清香醇厚、绵甜爽净，是藏族文化的典型代表之一。

酥油茶：用酥油和浓茶加工而成，酥油是从牦牛奶中提炼出的黄油，故而奶香味浓郁。先将适量酥油放入特制的桶中，佐以食盐，再注入熬煮的浓茶汁，用木柄反复搅拌，使酥油与茶汁融为一体，呈乳状即成。

古诗词里的数字——十

经历了近10个月的辛苦,胎宝宝终于足月了。虽然随时可能发动,但胎教也不能停。最后一个月,和胎宝宝一起读一读带有数字"十"的古诗吧,看看古诗里是不是也是十全十美呢。

扬州慢·淮左名都

宋·姜夔

淮左名都,竹西佳处,解鞍少驻初程。过春风十里。尽荠麦青青。
自胡马窥江去后,废池乔木,犹厌言兵。渐黄昏,清角吹寒。都在空城。
杜郎俊赏,算而今,重到须惊。纵豆蔻词工,青楼梦好,难赋深情。
二十四桥仍在,波心荡、冷月无声。
念桥边红药,年年知为谁生。

> 全世界的母亲是多么的相像!她们的心始终一样。每一个母亲都有一颗极为纯真的赤子之心。
> ——(美)惠特曼

诗歌:雪花的快乐(节选)

在无人的黄昏,抑或晨鸣的树下,准妈妈和胎宝宝一起,带着宁静与灵性,走进徐志摩,走进《雪花的快乐》,你会在幽雅跃动的文字中体味到别样的执着与美丽。

假如我是一朵雪花,
翩翩的在半空里潇洒,
我一定认清我的方向——
飞扬,飞扬,飞扬——
这地面上有我的方向。

不去那冷寞的幽谷,
不去那凄清的山麓,
也不上荒街去惆怅——
飞扬,飞扬,飞扬——
你看,我有我的方向!

成语故事：鹬蚌相争

"鹬蚌相争，渔翁得利"，鹬蚌两者相争，结果两败俱伤，使第三者从中获利。做事情，要权衡得失，不要只想着对自己有利的一面，要相互谦让，退一步海阔天空。

一天，一只河蚌张开蚌壳，在河滩上晒太阳。

有只鹬鸟，从河蚌身边走过，就伸嘴去啄河蚌的肉。河蚌急忙把两片壳合上，把鹬嘴紧紧地钳住。鹬鸟用尽力气，怎么也拔不出嘴来。蚌也脱不了身，不能回河里去了。

河蚌和鹬鸟就争吵起来。鹬鸟瓮声瓮气地说："一天、两天不下雨，没有了水，回不了河，你就很危险！"

河蚌也瓮声瓮气地说："假如我不放你，一天、两天之后，你的嘴拔不出去，你也别想活！"

就这样，蚌和鹬鸟在河滩上互相争持，谁也不让谁。时间一长，它们都精疲力竭。正好有个渔翁经过这里，见到它们互相缠在一起，谁也不能动弹，便轻易地把它们一起捉住拿回了家。

美学胎教：名画《拾穗者》

右脑开发 激发绘画想象力

辛勤劳动后丰收的喜悦总是让人感动，相信很快，准妈妈也能感受到这如丰收般的喜悦了。

中文名	让·弗朗索瓦·米勒
外文名	Jean-Francois Millet
国籍	法国
出生日期	1814年10月4日
主要成就	法国近代绘画史上最受人民爱戴的画家
代表作品	《拾穗者》《播种者》《晚钟》《牧羊少女》

画面刻画了三个勤劳朴实的农妇在农场主收割过的麦地里弯腰拾麦穗的场景。

骄阳下，一片广阔的麦田已经收割完毕，远处是堆成小山一样的金黄色麦子，几个人正在忙碌着把一辆装满了麦子的车子运走。右边很远处，一个监工模样的人正骑着马巡视或者在吆喝着什么。

画面近处，收割过的麦茬地里，三个朴实的农妇正并排捡拾遗留在地上的麦穗。她们虽然身体健壮，可是机械单调的拾取动作，已使她们疲惫不堪，动作迟缓而笨重。其中的俩人还在弯腰拾取，另外一人因为弯腰过久，正稍微伸了伸腰杆并喘口气，可是专注的目光仍在搜寻着地上的麦穗。画面上的三个拾麦穗者那专注的神情、迟缓笨重的动作，表现出了她们的虔敬、忍耐、忠诚的品格，也把农民与土地那种鱼水深情表达得淋漓尽致。

腹式呼吸法

好的呼吸方法不仅能给胎宝宝提供充足的氧气,还可以帮助准妈妈缓解焦虑情绪,在分娩过程中正确用力,保证分娩的顺利进行。下面介绍两种腹式呼吸训练方法。

左脑开发 提升专注力

仰卧腹式呼吸

仰卧在床上,全身放松,屈膝,双脚自然分开,两手放松并放在腹部两侧,两手掌放在小腹处,拇指正对肚脐下方,小指位于耻骨上方三四指的位置,围成三角形。然后用鼻子深吸气,一直吸到不能再吸为止,吸气时腹部要隆起,然后慢慢用嘴呼气,使腹部恢复原状。

保持呼吸节奏

当准妈妈在厨房切土豆丝,或将香肠切片,或在用力搅打鸡蛋——在做这些费力的工作时,可采用腹式呼吸:吸气,鼓起肚子;呼气,收缩肚子,然后再呼吸。这样反复练习,有助于顺利分娩。

营养胎教：南瓜糊

左脑开发　激发味觉、嗅觉

孕晚期饮食应该以高营养、低脂肪为主。南瓜富含提高免疫力的多糖和类胡萝卜素，以及丰富的矿物质和氨基酸，非常适合孕晚期的准妈妈食用。

食材

南瓜200克，熟米饭50克，牛奶、瓜子仁、欧芹各适量。

制作步骤

南瓜去皮去子，洗净切块，隔水蒸熟。

榨汁机里放入熟米饭、蒸熟的南瓜块和适量牛奶，一起榨汁。

将南瓜糊倒入大碗中，用瓜子仁、欧芹点缀一下即可。

营养胎教：绿豆粥

左脑开发　激发味觉、嗅觉

受激素水平及新陈代谢加快的影响，准妈妈可能经常会感到燥热难耐。不妨来试试这道绿豆粥，清热解腻，非常爽口。

食材

绿豆、大米各50克，冰糖适量。

制作步骤

大米、绿豆加水泡发4小时。

锅中放水，倒入泡好的大米和绿豆，煮成粥。

出锅前加入适量冰糖即可。

古文欣赏：桃花源记

准妈妈温暖的子宫就是胎宝宝的"桃花源"，在这将近10个月的时间里，胎宝宝在这里茁壮成长，但很快，胎宝宝就要离开这片"桃花源"，到外面来看看这个美丽的世界了。外面的世界有湛蓝的天空、洁白的云朵、轻柔的风儿、圆润的雨滴、六角形的雪花、潺潺的小溪、奔腾的大海、美丽的鸟儿、可爱的小狗、聒噪的蝉，还有更迭不休的四季。在爸爸妈妈爱的包裹下，外面的世界又是一片不一样的"桃花源"。

左脑开发 丰富的语言刺激

晋太元中，武陵人捕鱼为业。缘溪行，忘路之远近。忽逢桃花林，夹岸数百步，中无杂树，芳草鲜美，落英缤纷。渔人甚异之，复前行，欲穷其林。

林尽水源，便得一山，山有小口，仿佛若有光。便舍船，从口入。初极狭，才通人。复行数十步，豁然开朗。土地平旷，屋舍俨然，有良田美池桑竹之属。阡陌交通，鸡犬相闻。其中往来种作，男女衣着，悉如外人。黄发垂髫（tiáo），并怡然自乐。

见渔人，乃大惊，问所从来。具答之。便要还家，设酒杀鸡作食。村中闻有此人，咸来问讯。自云先世避秦时乱，率妻子邑（yì）人来此绝境，不复出焉，遂与外人间隔。问今是何世，乃不知有汉，无论魏晋。此人一一为具言所闻，皆叹惋。余人各复延至其家，皆出酒食。停数日，辞去。此中人语云："不足为外人道也。"

既出，得其船，便扶向路，处处志之。及郡下，诣太守，说如此。太守即遣人随其往，寻向所志，遂迷，不复得路。

南阳刘子骥，高尚士也，闻之，欣然规往。未果，寻病终，后遂无问津者。

胎教故事：乌鸦喝水

《乌鸦喝水》是《伊索寓言》中的故事，讲述了一只乌鸦喝水的故事。它告诉人们遇到困难不要轻言放弃，运用身边可以帮助自己的东西，发挥自己的聪明才智，不达目的绝不放弃。阳光总在风雨后，准妈妈经历了十月怀胎，终于要和胎宝宝见面了。胎宝宝是不是也和故事中的小乌鸦一样聪明、坚韧呢？

左脑开发　丰富的语言刺激

一只乌鸦口渴了，它在低空盘旋着找水喝。找了很久，它才发现不远处有一个水瓶，便高兴地飞了过去，稳稳地停在水瓶口，准备痛快地喝水了。可是，水瓶里水太少了，瓶口又小，瓶颈又长，乌鸦的嘴无论如何也够不着水。这可怎么办呢？

乌鸦想，把水瓶撞倒，就可以喝到水了。于是，它从高空往下冲，猛烈撞击水瓶。可是水瓶太重了，乌鸦用尽全身的力气，水瓶仍然纹丝不动。

乌鸦一气之下，从不远处叼来一块石子，朝着水瓶砸下去。它本想把水瓶砸坏之后饮水，没想到石子不偏不倚，"扑通"一声正好落进了水瓶里。

乌鸦飞下去，看到水瓶一点儿都没破，但细心的乌鸦发现，石子沉入瓶底后，里面的水好像比原来高了一些。

"有办法了，这下我能喝到水了。"乌鸦非常高兴，它"哇哇"大叫着开始行动起来。它叼来许多石子，把它们一块一块地投到水瓶里。随着石子的增多，水瓶里的水也一点儿一点儿地慢慢往上升……

年的传说

过年的习俗源远流长,满溢着喜庆和吉祥的春节是每个人心中永远难以割舍的符号。如果要形容准妈妈现在的心情,那就是"跟过年一样高兴"。

右脑开发 培养想象力

相传,中国古时候有一种叫"年"的怪兽,每到除夕就爬上岸,吞食牲畜伤害人命。因此,每到除夕这天,村村寨寨的人们便扶老携幼逃往深山,以躲避"年"兽的伤害。

这年除夕,荷花村的人正扶老携幼上山避难,这时从村外来了个乞讨的老人。大家都很匆忙恐慌,没有注意到他,只有村口的一位老婆婆看到了他。老婆婆原本劝他一起到深山躲避,乞讨老人说什么也不肯去。老婆婆只好给了他一些食物,让他在自己家住一夜。谁知这位乞讨老人竟然知道如何赶走年兽。半夜的时候,年兽来到村子,觉得村里和往年不一样,村头老婆婆家,门口贴着大红纸,房间里还灯火通明的。年兽一抖身子,叫了一声,朝老婆婆家瞪了瞪眼,扑着就过去了,快到院子的时候,院子里忽然传来噼里啪啦的响声,年害怕啦,再也不敢上前了。

原来,年很怕红色、火光和噼里啪啦的响声。这时候,门开了,院子里一位身披红袍的老人在对着年大声笑。年害怕了,狼狈地逃走了。

古诗词里的颜色——紫色

紫色也代表胆识与勇气、高贵与神秘，成熟与浪漫，紫色虽不像红色那么火热，但它特有的特征，总是令人着迷。

蝶恋花·紫菊初生朱槿坠

宋·晏殊

紫菊初生朱槿坠。月好风清，渐有中秋意。
更漏乍长天似水。银屏展尽遥山翠。
绣幕卷波香引穗。急管繁弦，共庆人间瑞。
满酌玉杯萦舞袂。南春祝寿千千岁。

望庐山瀑布

唐·李白

日照香炉生紫烟，
遥看瀑布挂前川。
飞流直下三千尺，
疑是银河落九天。

> 家是父亲的王国，母亲的世界，儿童的乐园。
> ——（美）爱默生

双语儿歌：雨

大自然里的万物都是有情绪的，只要你仔细观察。听，小雨是活泼的，细雨是快乐的，大雨是着急的……

雨,雨,快走吧,
改天再来吧,
爸爸想去玩。
雨,雨,快走吧,
妈妈想要玩。
雨,雨,快走吧,
哥哥想要玩。

雨,雨,快走吧,
姐姐想要玩。
雨,雨,快走吧,
宝宝想要玩。
雨,雨,快走吧,
全家想要玩。

Rain rain go away,
Come again another day,
Daddy wants to play.
Rain rain go away,
Mommy wants to play.
Rain rain go away,
Brother wants to play.

Rain rain go away,
Sister wants to play.
Rain rain go away,
Baby wants to play.
Rain rain go away,
All the family want to play.

科普胎教：蜂蜜是怎样酿成的

右脑开发 开发逻辑思维能力和空间想象力

小小的蜜蜂要酿造出香香甜甜的蜂蜜，并不是一件简单的事。准妈妈是不是也很好奇，蜂蜜是怎样酿成的？快给胎宝宝读一读这篇有趣的小文，看看我们平时喝的蜂蜜，是怎样酿成的吧！

"侦察蜂"发现了一大片盛开的花，带着甜丝丝的味儿。它兴奋地往回飞，要把好消息告诉同伴们。它计算了一下，这蜜源地离蜂巢不足60米，于是它回到蜂巢，作圆圈状爬行，跳起了美丽的"圆舞"。你看它爬得这么快，看来，花蜜一定又多又甜。这时，另一只"侦察蜂"也回来了，在蜂巢上跳起了"8"字形摆尾舞，它沿着"8"字形路线，蹒跚爬行，肚子使劲摇晃着。原来，它是想告诉同伴们："我发现的花蜜也很甜呢，就是比较远。"

采集蜂们赶快来到蜜源地，忙活开了。它们钻进花瓣，把花蜜吸到自己的蜜囊里。吸入的花蜜都达到自己体重的一半了，小蜜蜂们这才恋恋不舍地准备离开。它们用第三对足上的花粉刷把粘在身上的花粉刷成一堆，再用唾液和花蜜将其混合成团，装入花粉筐里回家了。

这时采集蜂还不能歇着。它们赶快来到蜂巢上，把新鲜花蜜分给几只在巢内工作的内勤蜂，把花粉放到蜂房里，留给幼蜂和成年蜂吃。深夜，内勤蜂将花蜜吸到自己的蜜胃里，过一会儿吐出来，再由另一只内勤蜂接着干，这样反复吸吐了一二百次，花蜜中的蔗糖转变为葡萄糖和果糖，花蜜才能变成香甜可口的蜂蜜。这一夜，大部分蜜蜂都没闲着，它们守在巢门外不停地扇动翅膀，加速水分蒸发，直到蜂蜜酿成，装入蜂房，封口贮存。这时，新的一天又将开始了。

音乐胎教：名曲《自新大陆》

右脑开发 激发音乐灵感

很快，胎宝宝就要来到这个美丽的新世界了，而对于准爸准妈妈来说，宝宝的到来，也仿佛打开了新世界的大门。一起来听听德沃夏克的这首著名的交响乐《自新大陆》吧，感受一下德沃夏克在"新大陆"中的所见所闻。

中文名	安东·利奥波德·德沃夏克
英文名	Antonín Leopold Dvořák
国籍	捷克
出生日期	1841年9月8日
主要成就	19世纪世界重要的作曲家之一，捷克民族乐派的主要代表人物
代表作品	《第八交响曲》《自新大陆》《大提琴协奏曲》《水仙女》

《自新大陆》是交响乐中很著名的一首曲子，蕴含着浓浓的思乡之情。虽然它没有华丽绚烂的色彩，却也正因为如此，显得十分朴实可爱。

1892年9月27日，德沃夏克登上了美利坚合众国的土地，欢迎他的有300人组成的庞大合唱团和多达80人组成的管弦乐团，这在当时是很大的规模。德沃夏克对此并不感到意外，倒是纽约港口停泊的大轮船让他印象深刻。

19世纪末的美国工商业已有很大发展，形成了庞大的金融体系，百老汇大街上电话线、电报线密布如织，街面上车水马龙，灯光彻夜通明，金融机构鳞次栉比，证券交易所里不断上演着欲望的悲喜剧。这一切与安然闲适的布拉格形成了强烈的反差。德沃夏克到纽约恰好比海顿到伦敦晚100年，但工业化社会对人的冲击作用大致相当。

德沃夏克对所见的场景感触颇深，才有了《e小调第九交响曲》，也就是这首脍炙人口的《自新大陆》。德沃夏克的交响曲深受古典乐派的影响，作品结构坚实、牢固。另外，由于他具有天生的旋律才能和丰富、敏锐的旋律感，因而他的作品充分发挥了旋律的魅力，而不像传统的古典交响乐那样单纯地发挥技法。这就是德沃夏克交响曲的特殊之处。

诗歌：你来了

你来了，你衔着远山来了，你驾着祥云来了，你乘着春风来了，你撑着扁舟来了，你踏着晨曦来了。妈妈等了这许久，终于要和宝宝见面了，妈妈已经迫不及待了！

左脑开发　丰富的语言刺激

你来了，
画里楼阁立在山边，
交响曲由风到风，
草青到天！
阳光投多少个方向，
谁管？
你，我
如同画里人，
掉回头便就不见！

你来了，
花开到深深的深红；
绿萍遮住池塘上一层晓梦，
鸟唱着，
树梢交织起细细枝柯，
白云却是我们，
悠忽翻过好几重天空！

——林徽因

古诗词里的景——太阳

胎宝宝就如同初升的太阳，耀眼夺目，光彩照人，承载着全家人的期冀。这是最后一周的胎教了，准妈妈和胎宝宝一起来看看古诗词里的太阳吧！

别董大
唐·高适

千里黄云白日曛，北风吹雁雪纷纷。
莫愁前路无知己，天下谁人不识君。

登鹳雀楼
唐·王之涣

白日依山尽，黄河入海流。
欲穷千里目，更上一层楼。

鹿柴
唐·王维

空山不见人，但闻人语响。
返景入深林，复照青苔上。

> 儿童的心灵是敏感的，它是为着接受一切好的东西而敞开的。
> ——（苏联）苏霍姆林斯基

诗歌欣赏：不被注意的花饰（节选）

宝宝呀，爸爸已经做好迎接你的准备了，你准备好了吗？

啊，谁给那件小外衫染上颜色的，我的孩子？
谁使你的温软的肢体穿上那件红色的小外衫的？
你在早晨就跑出来到天井里玩儿，你，跑着就像摇摇欲跌似的。
但是谁给那件小外衫染上颜色的，我的孩子？
什么事叫你大笑起来的，我的小小的命芽儿？
妈妈站在门边，微笑地望着你。
她拍着她的双手，她的手镯丁当地响着，你手里拿着你的竹竿儿在跳舞，活像一个小小的牧童。
但是什么事叫你大笑起来的，我的小小的命芽儿？

——（印度）泰戈尔

胎教故事：最好的礼物

左脑开发 丰富的语言刺激

热心的小动物们给生病的小花狗带来了礼物，那么，最有心意、最好的礼物是什么呢？对于准爸爸、准妈妈来说，胎宝宝就是上天赐予的最好的礼物。

小花狗生病了，大伙儿带来了最好的礼物，希望能够给小花狗解解闷。

小猫咪咪也来了。小黑猪偷眼看咪咪，咪咪的手里什么也没有。大伙儿开始送礼物了。哇，有遥控飞碟，有声控老鼠，还有精致华贵得让人不敢碰的小轿车……

轮到咪咪了。

大伙儿都把眼睛瞪得大大的，看着咪咪空空的两手。小黑猪更是眼睛一眨也不眨。

咪咪却说："大伙儿都把眼睛闭上，我才好把礼物拿出来！"

大伙儿互相看看，只好把睁大的眼睛闭上。

一会儿，咪咪说："睁开吧。"小黑猪睁眼一瞧，咪咪手里捧着个花花绿绿的小东西，毛茸茸的，又有趣又可爱。大伙儿都把脖子伸得长长的，想看个清楚。

咪咪手里的小东西十分灵活，东一蹦，西一跳，总往咪咪身后跑。咪咪想抓住它，可转了一百圈还是没能抓住。急得咪咪直朝大家吐舌头，那副滑稽相，逗得大家哈哈大笑。

表演结束了，大伙争着问咪咪礼物是从哪儿买来的。

这时，咪咪从地上站起来，拍拍裙子说："这个礼物一分钱也没花，它就是我自己的尾巴呀！"

啊，大伙儿谁也没想到！

咪咪说："这个礼物是我为小花狗精心设计的。我在尾巴上涂了颜色，卷成彩球的样子。看见小花狗那么开心地笑，我真高兴！"

躺在床上的小花狗说："谢谢你，咪咪，你真好！"

小黑猪不好意思地挠挠头，嘿嘿地笑着说："咪咪，真有你的！这礼物可真有趣呀！"

美学胎教：名画《向日葵》

右脑开发 绘画激发想象力

《向日葵》系列是凡·高最著名的油画作品之一，凡·高分别绘制了插在花瓶中的 3 朵、5 朵、12 朵，以及 15 朵向日葵，向世人表达了他对生命的理解，并且展示出了他个人独特的精神世界。胎宝宝就像灿若朝阳的向日葵，朝气蓬勃，让爸爸妈妈的生活充满希望。

1888 年，凡·高到了法国南方的阿尔，那是一个阳光明媚的地方，一个柠檬黄色的大火球，悬挂在蓝得耀眼的天空中，空中充满着令人目眩的光，凡·高被眼前的景象惊呆了。面对令人目眩的色彩，他产生了强烈的情感。在这种背景下，画家自然地开始用色彩表现情感，在阿尔炙热的阳光下，凡·高画出了其一生中最重要的一系列艺术作品，《向日葵》就是其中之一。

这幅《花瓶里的十五朵向日葵》是凡·高最为有名的一幅，被收藏在阿姆斯特丹凡·高博物馆。这幅画中的向日葵像是跳动的火焰，颜色鲜艳夺目，明亮的黄色饱和度极高，细数起来，一幅画中竟有高达 38 种黄色，准妈妈能看出来几种呢？

中文名	文森特·威廉·凡·高
外文名	Vincent Willem Van Gogh
国籍	荷兰
出生日期	1853 年 3 月 30 日
主要成就	后印象主义先驱
代表作品	自画像系列、《星月夜》、向日葵系列

法国南部的灿烂阳光，如燃烧的火焰一般的花朵，整个画布都被这火焰燃遍，表达着狂热的生命激情。这就像凡·高一生都在渴望生命的热忱以及真挚的爱情，可是他最终仍旧一无所有，他只有在心底呐喊，用色彩来表达和倾诉对生命的渴望。

《向日葵》不是传统的描绘自然花卉的静物装饰画，而是一幅表现太阳的画，是一首赞美阳光和旺盛生命力的欢乐颂歌。凡·高以大胆恣肆、坚实有力的笔触，把向日葵的黄色画得极其刺眼，每朵花如燃烧的火焰一般，细碎的花瓣和葵叶像火苗一样布满画面，《向日葵》打破陈规，强烈的对比颜色和厚重的色块结合得天衣无缝，更创造出新的对比色系，对往后的艺术发展产生深远的影响。

图书在版编目（CIP）数据

左右脑开发：40周启智胎教 / 奥视读乐编著． —北京：中国轻工业出版社，2021.1
ISBN 978-7-5184-3122-9

Ⅰ．①左… Ⅱ．①奥… Ⅲ．①胎教－基本知识 Ⅳ．① G610.8

中国版本图书馆CIP数据核字（2020）第143408号

责任编辑：由　蕾
策划编辑：朱启铭　　　　责任终审：劳国强　　　封面设计：奥视读乐
版式设计：奥视读乐　　　责任校对：朱燕春　　　责任监印：张京华

出版发行：中国轻工业出版社（北京东长安街6号，邮编：100740）
印　　刷：北京博海升彩色印刷有限公司
经　　销：各地新华书店
版　　次：2021年1月第1版第1次印刷
开　　本：889×1194　1/20　印张：9
字　　数：130千字
书　　号：ISBN 978-7-5184-3122-9　　定价：49.80元
邮购电话：010-65241695
发行电话：010-85119835　传真：85113293
网　　址：http://www.chlip.com.cn
Email：club@chlip.com.cn
如发现图书残缺请与我社邮购联系调换
200391S3X101ZBW